Klostermann Texte
Philosophie

W0338145

Aristoteles

Nikomachische Ethik VI

Herausgegeben und übersetzt von
Hans-Georg Gadamer

Vittorio Klostermann · Frankfurt am Main

900 638 I

Universitätsbibliothek * Salzburg *

UB SALZBURG
+DM54723806

Die Deutsche Bibliothek – CIP-Einheitsaufnahme

Aristoteles:
Nikomachische Ethik VI / Aristoteles. Hrsg. übers. von Hans-Georg Gadamer. – Frankfurt am Main : Klostermann, 1998
(Klostermann-Texte Philosophie)
Einheitssacht.: Ethica Nicomachea <dt.>
ISBN 3-465-02980-1

© Vittorio Klostermann GmbH Frankfurt am Main 1998
Alle Rechte vorbehalten, insbesondere die des Nachdrucks und der Übersetzung.
Ohne Genehmigung des Verlages ist es nicht gestattet, dieses Werk oder Teile in einem photomechanischen oder sonstigen Reproduktionsverfahren oder unter Verwendung elektronischer Systeme zu verarbeiten, zu vervielfältigen und zu verbreiten.
Gedruckt auf alterungsbeständigem Papier ⊜ ISO 9706
Satz: Fotosatz L. Huhn, Maintal
Druck: Weihert-Druck GmbH, Darmstadt
Printed in Germany

98 : 5436

Inhalt

Universitätsbibliothek * Salzburg *
Universitätsbibliothek Salzburg
AUSGESCHIEDEN
Datum: — 6. März 2025

Vorwort

Schon seit langem plante ich, zu meinem Studienbüchlein zur Aristotelischen Metaphysik noch ein zweites Aristoteles-Büchlein herauszubringen. Freilich war die Auswahl insofern besonders schwierig, als man im Grunde nicht wie im Falle der Metaphysik einen umfassenden Überblick über das ganze Thema der „praktischen Philosophie" wählen konnte. Auf der anderen Seite war die sachliche Bedeutung des „praktischen Wissens", die „Phronesis", so sehr in das Zentrum der philosophischen Interessen gerückt, daß nichts anderes übrig blieb, als das 6. Buch der Nikomachischen Ethik zu wählen. Das trägt nun deutlich die Schnitte, die das Kapitel herauslöst, und daher mußte ich in meiner Einleitung und in meinem Nachwort etwas ausführlicher werden, um das Thema in seinem ganzen Umfang sichtbar zu machen. Auch war ich gezwungen, die Übersetzung ins Deutsche selber zu übernehmen, damit meine Erläuterungen dazu passen.

Daß die ganze mühevolle Arbeit schließlich ihr Ende erreicht hat, verdanke ich vor allem Frau Dr. Donatella Di Cesare, die als Humboldt-Stipendiatin mir zu Seite stand. Ihrer unermüdlichen Hilfsbereitschaft, ihrer Sorgfalt und vor allem ihrer beharrlichen Mahnung, die schon vor Jahrzehnten begonnene Arbeit nun wirklich zu vollenden, hat schließlich zum Erfolg geführt.

Hans-Georg Gadamer

Einführung

Aristoteles gilt als der Begründer der praktischen Philosophie. Sie umfaßt das gesamte weite Feld menschlichen Verhaltens im privaten und gesellschaftlichen Zusammenhang. Man hat ihrem ersten Teil den Namen „Ethik" gegeben. Im Corpus Aristotelicum ist sie in drei sehr verschiedenen Traktaten auf uns gekommen, die alle aus Aristotelischem Geiste sind. Es sind die sogenannten *Nikomachische Ethik, Eudemische Ethik* und *Große Ethik.* Diese drei Texte stellen offenkundig Vorlesungen, Unterlagen oder Nachschriften dar; sie der geistigen Entwicklung des Aristoteles zuzuordnen, sah man als die Aufgabe an, als sich Werner Jaegers Erkenntnis des lockeren „Buch"-Charakters der aristotelischen Schriften und die Authentizität der drei Traktate, unserem überkritischen Jahrhundert zum Trotz, langsam durchsetzte. Der siegreiche Historismus bot einen sehr anspruchsvollen Leitgedanken an: die allmähliche Ablösung des Aristoteles von seinem Lehrer Plato. Das ist die suggestive genetisch-historische Konstruktion, die Werner Jaeger in seinem *Aristoteles* vorlegte[1] und die von manchen seiner Schüler wie Solmsen und Walzer ausgebaut wurde[2]. Inzwischen ist die Zuversicht geschwunden, eben solche „Entwicklung" des Aristoteles aus dem Corpus Aristotelicum ablesen zu können. Das gilt vor allem für die ethischen Schriften. Heute müssen wir alle drei Traktate als Dokumentation der reifen Aristotelischen Philosophie anerkennen und die Unterschiede mehr auf die wechselnde Gelegenheit und Adresse als auf Veränderungen in den philosophischen Anschauungen des Aristoteles zurückführen. Auch haben wir es nicht mit Büchern zu tun, sondern mit in Arbeit befindlichen Entwürfen. Einen definitiven Text der aristotelischen Ethik gibt es nicht länger. Alles, was wir zu lesen bekommen, weist über sich selber hinaus.

Das im Auge zu behalten, ist die neue hermeneutische Aufgabe. Ein besonderes Problem stellt aber von jeher die Tatsache dar, daß drei Bücher, die als *Nikomachische Ethik* (5., 6. und 7. Buch) in manchen Handschriften und in unseren modernen Ausgaben erscheinen, in zahlreichen antiken Zitationen und in vielen Handschriften als zur *Eudemischen Ethik* gehörig behandelt werden. Es ist nach wie vor strittig, was ihr ursprünglicher Ort ist.

1 W. Jaeger, *Aristoteles. Grundlegung einer Geschichte seiner Entwicklung*, Berlin 1923. 2. veränderte Auflage: Berlin 1935.

2 Vgl. F.A. Solmsen, Die Entwicklung der aristotelischen Logik und Rhetorik (Neue philologische Untersuchungen, 4), Berlin 1929. R. Walzer, *Magna Moralia und aristotelische Ethik* (Neue philologische Untersuchungen 7), Berlin 1929

Das hier vorgelegte 6. Buch (*Eth. Nic.* Z) befindet sich in diesem strittigen Teil der aristotelischen Ethik. Gehört es in die *Ethica Eudemia* oder in die *Ethica Nicomachea?* Die Unsicherheit, die somit alle Bezugnahmen unseres Textes des 6. Buches auf die aristotelische praktische Philosophie zu treffen scheint, ist zum Glück nur eine scheinbare. In Wahrheit zeigt sich die relative Unabhängigkeit und Geschlossenheit des hier vorgelegten 6. Buches. Bis heute ist es niemandem gelungen, die Zuordnung zu dem einen oder dem anderen Traktat einleuchtend zu begründen: Man darf eben auch in diesem Falle wie bei anderen der im Corpus Aristotelicum vereinigten Manuskripte, z.B. der sogenannten *Metaphysik,* diese nicht als Bücher betrachten. Man sollte sie vielmehr als Begleit-Texte zu Lehrveranstaltungen anerkennen. Das heißt, sie sind auch für uns Schul-Texte. Sie stellen *Fragen* an uns. Das gilt übrigens auch – nur auf höchstem literarischem Niveau – für die platonischen „Dialogdichtungen" und ihren angeblichen „Intellektualismus". In allen Bearbeitungen der aristotelischen Ethiken geht ohne Zweifel die Abhandlung der ethischen Tugenden der Untersuchung der sogenannten dianoetischen oder geistigen Tugenden voraus. Dieser Anordnung liegt ihrerseits eine allgemeine Unterscheidung zugrunde, die schon auf Plato zurückgeht: die menschliche Seele besitzt verschiedenartige Fähigkeiten. Die Menschen folgen nicht einfach ihren Instinkten. Soweit das praktische Verhalten in Rede steht, ist zwischen einem vernünftigen und einem unvernünftigen, emotionalen Seelenteil zu unterscheiden. Die Rede von ‚Teilen' der Seele ist freilich recht ungenau und irreführend. Besser wäre, zu sagen, daß die „Seele" sich in verschiedenen Möglichkeiten zum Einsatz bringen kann, im Vernünftigen wie im Nicht-Vernünftigen, Emotionalen. Aber wie schon bei Plato, der in der *Politeia* die Dreiteilung der Seele einführt[3], ist in Wahrheit nicht so sehr die Einteilung als die Harmonie der drei Seelenteile das eigentliche Ziel – das der Harmonie der drei Klassen im idealen Staat entspricht.

So ist auch bei Aristoteles die Unterscheidung des Vernünftigen vom Vernunftlosen nicht eine bloße Trennung. Aristoteles gebraucht selbst dafür das Gleichnis der konvexen und konkaven Aspekte einer gekrümmten Linie. Die Einteilung der ‚Seele', die freilich älteren Ursprungs sein dürfte, hat in *Ethica Nicomachea* A 13 ihre ausführliche Darstellung gefunden[4]. Die ethische Tugend wird bekanntlich jeweils von den Extremen her, durch Einkreisung des evident Rechten, beschrieben. Das ist als die aristotelische Lehre von der Mesotes, der Mitte, bekannt. Darin liegt be-

[3] Platon, *Politeia,* IV, 434d-445e.

[4] Aristoteles, *Etica Nicomachea,* A 13, 1102a 5 – 1103a 10.

reits in jedem Falle die Verweisung auf Verstand und Vernunft, auf den Logos. Er ist es, der die praktische Entscheidung, die Vorzugswahl der *prohaíresis,* vollzieht, und dabei gilt es das Maß der Mitte zu treffen. Das heißt aber, die Extreme zu vermeiden, maßvoll das Bessere dem wenigen Guten vorzuziehen. Was ist das nun aber für eine Vernünftigkeit? Wir werden darauf gefaßt sein, daß die Analyse der *areté,* der „Bestheit" im Verhalten wie im Rat-Wissen, kein dogmatisches Regelsystem aufstellen will, oder sonst Verhaltensregeln im Bereich unseres „technisch-produktiven" Könnens angewendet werden. Arete ist von Vernunft geleitet und ist nicht eine Techne des Wissens.

1

Das erste einleitende Kapitel betont ausdrücklich, daß es nicht genügt zu sagen, daß der rechte Logos jeweils eine „Tugend" als die Mitte zwischen Extremen angibt und etwa aus Vorsicht auf dem mittleren Weg bleibt. Eher meint es, „wie ein anständiger Mensch" sich verhält. *„Spoudaios"* ist bei Aristoteles der griechische Ausdruck für dieses Grundmaß des Menschen und Bürgers. Aber es ist noch mehr gemeint. Es handelt sich um mehr als um bloße Gesittung und auch nicht etwa nur um die Fähigkeit, Regeln in concreto anzuwenden, wie das sonst bei allem Wissen der Fall ist, das Anwendung findet. Es geht um so etwas wie Gewissenhaftigkeit, und es bedarf einer gründlicheren Aufklärung über dieses „praktische Wissen", das einem leicht unkenntlich wird, sowohl in seiner Besonderheit gegenüber dem theoretischen Wissen als auch gegenüber dem technischen Wissen und Können des Menschen. Das rechte Maß und die rechte Mitte einzuhalten, gilt nicht allein für das praktische Verhalten, das von der Phronesis geleitet wird; es gilt z.B. auch für das leibliche Wohlergehen. Aber bei der Phronesis geht es um das Wohlverhalten, das Verhalten von Mensch zu Mensch und um die Wahl des Guten.

2

Daher fährt Aristoteles fort, die fundamentale Dualität der menchlichen Seele, die sich in „Ethos" und „Logos" darstellt, nach der Seite des Logos, des vernünftigen Aspektes, genauer zu analysieren. Indem er von der bekannten Unterscheidung von „vernünftig" und „unvernünftig" *(lógon échon* und *álogon)* ausgeht, unterscheidet er nochmals innerhalb der Ver-

nunft. Da gibt es auf Wissen gerichtete Vernunft (bei der sich nur herausstellt, daß es so und nicht anders ist) und es gibt Vernünftigkeit, die sich im Ganzen des Verhaltens beweist. Diese neue Zweiteilung des Logos scheint übrigens eher auf die *Nikomachische Ethik* A 13 als auf die *Eudemische Ethik* zurückzuweisen. Sie liegt deutlich dem folgenden Versuch des Aristoteles zugrunde, die praktische Vernünftigkeit in ihrer Eigenart, Rat zu wissen, herauszuarbeiten. Damit ist ein erster Wink für das Verständnis des ganzen Buches gegeben. Es gibt nur zwei Aspekte solcher Vernünftigkeit im Wissen: theoretisches Wissen und praktische Vernünftigkeit. So kann es auch nur zwei Tugenden („Bestheiten") der Vernunft geben. Wenn es sich um Praxis handelt, wird es also auf die Bestheit des rechten Sichverhaltens ankommen, die bei Aristoteles „Phronesis" verlangt. Phronesis meint hier also nicht nur ‚Klugheit'. In der konkreten Praxis des vernünftigen Verhaltens spielt offenbar nicht nur solches kluge Wissen eine Rolle, sondern ebenso auch das bewußte Festhalten an der Wahl des Guten gegen den unvernünftigen Drang. Im praktischen Vollzug der Wahl des Tunlichen muß einer auch „willig" mitgehen. Das den Menschen auszeichnende wissende Wählen des vorzuziehenden, die Prohairesis, ist also beides, Gewilltsein und Denken, Denken und Gewilltsein. Wo beides sich vereint, führt das die Wahlentscheidung dabei. Solches Wissen ist also nicht bloß die Aufdeckung und Entbergung einer Sache, wie sie ist, sondern Übereinstimmung solchen Entbergens und Wissens mit dem Drang und dem Gewilltsein zum Rechten, d.h. dem „Guten". In dem Zusammenwirken von Vernunft und Neigung ist die Entscheidung immer vom Ethos mitbestimmt. So kommt es zum Wohlergehen, der „Eupragie", der eigentlichen Vollendung des sittlichen Seins des Menschen – und damit zum Lebensglück der „Eudaimonia".

So ergibt sich, daß es immer um Wahrheit (eigentlich Unvergessenheit, Entbergung, Aletheia[5]) geht, aber im Falle der Praxis ist es also eine besondere Art von Wahrheit (Aletheia): nicht, daß eine Sache so und so ist, sondern, daß das Gute getan wird. Mit dieser Unterscheidung ist das Programm bereits fixiert. Es gilt, sowohl für das theoretische wie für das praktische Wissen sein Bestes, seine wahre Vollendung zu ermitteln, und dazu wird vor allem gehören, es von anderen Weisen des Wissens unterschieden zu halten.

Auf dieser Grundlage hat man den neuen Einsatz mit der programmatischen Ankündigung von fünf Formen wahren Wissens zu verstehen. Man

[5] Lethe als der Lethe-Strom des Vergessens wird im Bereiche der Praxis so zu übersetzen sein. Wenn wir etwas Unbesonnenes getan oder gesagt haben, gestehen wir: „ich habe mich vergessen".

hat zu prüfen, wieweit sie Bestheit, d.h. bestes Wissen, sein können. Alle fünf werden als Verhaltensweisen des Wahrseins bezeichnet, das heißt, sie sind alle ausgezeichnete Gestalten von wahrem Wissen, sie alle wissen, warum sie ja oder nein zu sagen haben. Bloße Meinungen und Ansichten, die wir im Leben ständig uns bilden, gehören daher nicht in diese Reihe; sie können auch falsch sein, sind also nicht wahres Wissen.

Alle aufgezählten fünf Weisen des Wissens begegnen abwechselnd im platonischen Sprachgebrauch. Darauf wird hier deutlich zurückverwiesen. In den etymologischen Spielen des *Kratylos*[6] treten sie als Synonyme auf. Offenbar gelten für Plato alle diese Ausdrücke für wahres Wissen gleich viel. Das heißt sicherlich nicht, daß nicht gelegentlich auch Plato in seinen Dialogen terminologische Prägungen vornimmt, die dem alltäglichen Sprachgebrauch nicht voll entsprechen. Dazu gehört etwa die besonders bedeutungsvolle Zuweisung von „Dianoia“ an das mathematische Denken. Damit wird der Vorrang des Nous als des höchsten Wissens des philosophischen Dialektikers betont. Nous erscheint Plato für die Theorie wie für die Praxis als das allein Wichtige und dient ihm als scharfe Abgrenzung gegen die bloße Doxa, gegen das bloße Annehmen von Ansichten. Der Zusammenhang von theoretischem und praktischem Wissen und ihre Bestheit ist ihm in diesem Falle wichtiger als im alltäglichen Sprachgebrauch angelegte Unterscheidungen. Aristoteles hingegen setzt einerseits mit der erklärten Absicht ein, zwischen praktischem und theoretischem Wissen klar zu unterscheiden. Es wird sich zeigen, daß er damit dem wirklichen Sprachgebrauch im Falle des praktischen Wissens nahe kommt. Andererseits bemüht sich Aristoteles, den Begriff der „Sophia“, der Weisheit, mit Gewalt auf den theoretischen Sinn solcher Weisheit hin einzuschränken. Jedenfalls erstrebt Aristoteles feste Begriffsbildung, wenn auch, soweit möglich, in Anknüpfung an den alltäglichen Sprachgebrauch, wenn er auch diesen in seinen eigenen Schriften durchaus nicht immer eingehalten hat. Niemand redet immer in wohldefinierten Begriffen.

In der Einleitung zu der Bestimmung des Begriffs der Episteme, des Wissens im Sinne der Wissenschaft, sagt Aristoteles ausdrücklich, daß er es hier genau nehmen wolle und nicht dem alltäglichen Sprachgebrauch folge, der vor allem auch das Handwerkswissen mitumfaßt. In Absetzung von diesem bildet er einen rigorosen Begriff von Wissenschaft, von „Episteme“, aus. Wissen im strengsten Sinne kann es nur von Immerseiendem und Unveränderlichem geben. Das leuchtet ein. Von dem, was man mit Sicherheit weiß, muß man die Gewißheit haben, daß es immer so ist, und das

[6] Vgl. Platon, *Kratylos* 396d-421c.

kann man nur, wenn es so ist, daß es nicht anders sein kann. Das ist die Art Gewißheit, die Aristoteles in der Beweislogik der zweiten Analytik in Anspruch nimmt und die in der Rolle des Beweises in der mathematischen Wissenschaft selbstverständlich ist. Aber das heißt nicht, daß aus jedem logisch zwingenden Schluß sonst unbestreitbares Wissen folgt, vielmehr stellt solches Wissen Wahrsein nur dann dar, wenn auch die Vordersätze des Schließens richtig sind. Im beweisenden Schließen hängt daher alles von der Richtigkeit der Prämissen ab. Wenn diese selber nicht ebenso sicher gewußt sind, wie das aus ihnen Geschlossene sicher aus ihnen folgt, ist es kein bestes „Wissen". Daher kann „Wissenschaft" sonst, wenn sie auch mit ihren Beweisen unabhängig ist, noch nicht die wahre Vollendung, die Bestheit theoretischen Wissens sein. Es zeigt sich, daß hierfür die Evidenz, die unbestreitbare Gewißheit der Voraussetzungen nötig ist, auf denen die Beweise fußen. Das heißt bei Aristoteles, daß der „Nous" hinzukommen muß. Dann erst kann von höchstem theoretischen Wissen die Rede sein, das Aristoteles am Ende als „Sophia" (Weisheit) auszeichnen wird. Das Resultat der Analyse der Episteme ist also insofern negativ. Die Reduktion von „Episteme" auf Beweisbarkeit schließt für diese aus, selber höchstes Wissen sein zu können. Diese Feststellung ist wohl für den Mathematiker selbstverständlich und für den auf das „beste Wissen" in Theorie und Praxis Gerichteten ebenso. Worum es Aristoteles hier geht, ist offenbar, wie angekündigt, die Besonderheit der praktischen Vernünftigkeit genau herauszuarbeiten, die er Phronesis nennen wird. Sie kann gewiß nicht Weisheit sein, denn sie hat es nicht mit Unveränderlichem, sondern mit dem Veränderbaren zu tun. Der Bestheit des theoretischen Wissens, sei es nun Mathematik oder die auf Zahlenverhältnisse aufgebaute Astronomie, gilt daher im Zusammenhang der Ethik nur ein sekundäres Interesse. Das ist wohl auch der Grund, warum Episteme hier als erste behandelt und abgetan wird. Techne hat dagegen im allgemeinen Sprachgebrauch mindestens mit Praxis, in Wahrheit mit Poiesis, mit Machen zu tun. Und doch ist Phronesis etwas ganz anderes. Das will Aristoteles offenbar betonen, um die pythagoreische Mathematik und ihre platonische Fortbildung zur Dialektik einzuschränken.

4

Die Unterscheidung von kunstfertigem Handwerkswissen (Techne) und praktischem Sinn für das Gute (Phronesis) ist für das aristotelische Vorhaben von höchster Dringlichkeit. Beide sind ja Wissen, das auf etwas Gutes

abzielt. „Techne" allein ist aber kein wirkliches Wissen des Guten. Das war es, was Sokrates bei den Bürgern seiner Stadt vermißte. Niemand gesteht sich doch ein Nichtwissen des Guten ein. Aristoteles hat es hier leicht. Die Unterscheidung zwischen Techne und Phronesis drängt sich auf, sofern auch diejenige zwischen Poiesis und Praxis, Machen und Handeln, Herstellen und Sich-Verhalten eine allgemein anerkannte Begriffsunterscheidung ist. Aristoteles beruft sich hier auf die exoterischen Logoi, unter denen allgemein anerkannte Begriffsunterscheidungen zu verstehen sind, die insbesondere in den nicht erhaltenen Dialogen des Aristoteles eine so große Rolle spielten, daß sie, wie Werner Jaeger gezeigt hat, geradezu auf die wenigen von Aristoteles herausgegebenen (exoterischen) Schriften verweisen[7]. Die Unterscheidung von Handwerkswissen und Das-Richtige-Tun *(poieîn – práttein)* ist offenkundig als eine dem Sprachgebrauch entsprechende begriffliche Unterscheidung benutzt. Die Ausdrücke können gelegentlich füreinander eintreten und bleiben dennoch begrifflich unterschieden.

Das hat eine wichtige Konsequenz für die Unterscheidung des technischen und des praktischen Wissens: Techne ist eine dem Herstellen dienende wissende Könnerschaft. Auch das griechische Wort *technázein* meint nicht etwa „machen", sondern „Ersinnen". Es geht also auch hier um das Wissen von etwas, freilich von solchem, das veränderbar ist, so daß man es verändern kann. Darum klingt der Gegensatz von Techne und Physis an, der ja wohl überhaupt erst damals zu dem Kampf-Begriff von Physis geführt hat, den wir bei Plato und Aristoteles beobachten können. So heißt es auch hier, daß der Ursprung des Anderswerdens im Herstellen und seinem Wissen und Können liegt, während das von Natur Seiende sich von sich aus entfaltet und verändert. Offenbar kommt es hier auf den Abstand zwischen dem Herstellen und seinem Produkt an. Daraus folgt etwas für das Wissen, das hier vorliegt. Das Wissen des Herstellers beherrscht das Herstellen nie völlig. Selbst der gelernte Könner ist immer noch auf gutes Gelingen, auf Tyche angewiesen, wie das Dichterzitat von Agathon im Text sagt. Er ist ein „Meister", wenn es ihm meistens gut „gelingt". Und in der Tat kann er sein Handwerk noch so gut gelernt haben, aber das Gelingen kann man nicht lernen. Wieder ist der Rang dieses Wissens der Techne, das man lernen kann, begrenzt, z.B. durch Materialfehler. Insofern ist es kein „bestes" Wissen, keine „Arete".

[7] Vgl. W. Jaeger, *Aristoteles,* a.a.O., 257-270.

5

Gilt das aber nicht für alles Wissen, das etwas ausrichten will, daß es ihm „gelingen" muß? Die Abgrenzung zwischen Techne und Phronesis, von technischem und von praktischem Wissendsein, wird damit zum Thema. Es beginnt die eigentliche Analyse der praktischen Vernunft und der Tugend der Vernünftigkeit, die Aristoteles Phronesis nennt. Bezeichnend, daß diesmal Aristoteles unmittelbar auf den Sprachgebrauch zurückgeht. Er kommt Platos vagem Wortgebrauch zuhilfe. Das Wort *phrónimos,* „vernünftig", wird offenbar von dem gebraucht, der immer Rat weiß und zwar für das, was in seinen Augen gut ist, nicht nur zu diesem oder jenem Zwecke, sondern für das Leben im ganzen. Dafür gibt es offensichtlich keine erlernbare Kunst und kein erlernbares Können. Daß Aristoteles hier von dem Eigenschaftswort Phronimos „vernünftig" ausgeht, um den Begriff dieses vollkommenen praktischen Wissens als „Phronesis" zu definieren, liegt im Sprachgebrauch begründet. Das Eigenschaftswort ist in solchen Fällen das Ursprüngliche[8]. Werner Jaeger hat in einer schönen Anmerkung zu *Die Theologie der frühen griechischen Denker* gezeigt[9], daß Aristoteles hier auf den allgemeinen Sprachgebrauch zurückgeht. „Phronesis" ist eben nicht, wie noch Natorp meinte[10], ein feierliches philosophisches Kunstwort, das Plato einführt, sondern im Gegenteil hat es stets praktischen Sinn. Was den Phronimos von dem bloßen Könner, die Phronesis von der Techne unterscheidet, ist, daß der Phronimos mit sich selber zu Rate geht und nicht bloßen Regeln folgt. Das tritt besonders an einem ungenauen Gebrauch des Wortes heraus, sofern selbst im Bereiche des Herstellens ein solcher „Phronimos" genannt werden kann, der sich zu helfen weiß, wo das Handwerkswissen mit seinen Regeln versagt, indem er mit sich zu Rate geht. Das Wissendsein der Phronesis ist also nicht so sehr ein bestimmtes Wissen, sondern zunächst ein Erwägen – nämlich was das Rechte in Bezug auf das Verhalten im praktischen Leben ist. Damit ist die Abgrenzung zur Episteme, zur Wissenschaft, einfach. In der Praxis kann es keinen Beweis im mathematischen Sinne geben, weil es sich da nicht um Unveränderliches handelt.

[8] Aristoteles benutzt ähnlich das Wort *sophós.* Vgl. Aristoteles, *Metaphysik* A 2, 982a-983a.

[9] Vgl. W. Jaeger, *Die Theologie der frühen griechischen Denker,* Stuttgart 1953 (Nachdruck: Darmstadt, 1964), 271, Anm. 16. Vgl. auch Id., *Aristoteles,* a.a.O., 83-84.

[10] Vgl. P. Natorp, *Platos Ideenlehre. Eine Einführung in den Idealismus,* Leipzig 2. Auflage: 1921 (Nachdruck: Darmstadt, 1961), 79, 83, 189, 197. Vgl. auch id., *Philologische Wochenschrift,* 20, 1063.

Die Abgrenzung der Phronesis von der Techne ist klar und einfach, sofern hier kein von dem Wissenden getrenntes Werk als Produkt der Herstellung herauskommt. Alles geht vielmehr auf das Wie des eigenen Verhaltens im Sinne der Eupragia. Das läßt sich am Sprachgebrauch klar illustrieren: Die großen Staatsmänner heißen „Phronimoi", weitblickend, weil sie gleichermaßen das für die Polis und das für sich selbst Gute zu finden wissen und im Auge behalten. Trotzdem ist die Abgrenzung zur Techne hier schwierig genug.

So leuchtet es nicht sogleich ein, daß das für den eigenen Staat Sorgen nicht jedenfalls auch ein wissendes Können verlangt, das man lernen kann und das etwas herstellt und zustandebringt. Das zeigt sich deutlich bei dem ökonomischen und politischen Wissen. Hier wird freilich der Sprachgebrauch unklar. Oikonomia oder „Oikonomike", Wirtschaftskunst, und „Politik", Staatskunst, kann ebenso im praktischen wie im theoretischen Sinne, als praktischer „Sinn" für Wirtschaft und Staatsdinge wie im Sinne der ökonomischen und politischen Philosophie oder Sachkunde (Techne) verstanden sein. Da möchte man fragen: Ist das nicht auch für Aristoteles so, daß seine praktische Philosophie zum Guten zu helfen beansprucht, doch nicht Phronesis, sondern „Lehre" ist? Aber es ist klar, was Aristoteles hier will. Er meint nicht solche techne-hafte Fachkunde, sondern das praktische Wissen selbst, wie es im konkreten wirtschaftlichen und politischen Verhalten des Bürgers und seiner Polis auftritt. Damit soll offenbar dessen Wesensverwandtschaft mit der Besonnenheit und Vernünftigkeit des Einzelnen aufgewiesen werden – und das ist Phronesis. Daß Aristoteles in anderem Zusammenhang der Sprachgebrauch erlaubt, dieselben Worte Oikonomie und Politik als Sachbereiche im philosophisch-theoretischen Sinne von ‚Wissenschaft' zu verwenden, ist interessant genug. Das deutet in letztem Betracht auf eine innere Zugehörigkeit der praktischen Philosophie zu ihrer Grundlage, der gelebten Vernünftigkeit. Aber das ist ein Sonderthema, das nur am Anfang und am Ende der Vorlesung der *Nikomachischen Ethik* behandelt wird und hier offenkundig nicht in Rede steht: Ist Ethik ‚reine' Philosophie oder dient sie nicht auch der Vernünftigkeit im Handeln?

Unser Text beginnt übrigens im 5. Kapitel inkohärent zu werden. Manche Einfügungen oder Randglossen scheinen in den Text eingedrungen zu sein. Es ist wohl eine sachliche Schwierigkeit, die sich so meldet. Nachdem Episteme und Techne zurückgestellt sind, geht es jetzt um diese andere Abgrenzung der Phronesis, nämlich die gegen die Bestimmung der Weisheit, der „Sophia". Hier geht der allgemeine Sprachgebrauch durchaus nicht so eindeutig nur auf theoretisches Wissen, sondern gerade auch auf

Lebensweisheit, Gnomik, Moralistik sowie auf die Perfektion, die in der Meisterschaft der Techne oder der Episteme besteht. Sogar von einer *areté téchnes* kann gesprochen werden. Das wird als Thema im 8. Kapitel eine Rolle spielen. Was immer im strengen Sinne „Sophia“ sein mag, Phronesis ist offenbar etwas anderes, wie wiederum der Sprachgebrauch lehrt. So werden große Staatsmänner wie Perikles „Weise“ genannt, aber nicht die großen Theoretiker wie Anaxagoras (der viel angegriffene Freund des Perikles, der das Glück des Lebens im Beobachten der Stirne sah!). Schon hier wird insofern auf den engeren Begriff von Weisheit hingewiesen, daß es zwei Teile der Seele und daher nur zwei ihnen zugehörige Perfektionen des Wissendseins gibt. Gewiß nicht nur die Phronesis, wie sie jetzt herausgetreten ist, erst recht auch die Weisheit, „Sophia“, ist ein höchstes Wissendsein. Da aber Phronesis wirklich die Perfektion der Vernünftigkeit darstellt, ist sie etwas anderes als Techne. Ihr Wissen gilt als eine *héxis* nur im Bezug auf Herstellen und wurde so definiert. Das Sein des Phronimos dagegen meint nicht ein Wissendsein für das Herstellen. Sein wahres Wissen ist hier Wissen des Tunlichen überhaupt, sofern es mit dem eigenen ‚Ethos‘ im Einklang ist. Ethos und Dianoia zusammen bilden im praktischen Bereich erst die wahre Perfektion. Kein Zweifel, daß hier, im Blick auf das „praktische Wissen“, der große Staatsmann „Phronimos“ sein muß, also ein wirkliches sittlich-politisches Wissen des Tunlichen haben muß, und jedenfalls nicht als ein solcher gedacht werden soll, dem lediglich die bloße Meisterschaft einer Techne zu Gebote steht. Vielmehr gilt dieses Wissen nur dem Guten, dem Wohl der ganzen Polis, so wie ein jeder um sein eigenes Glück besorgt ist. Offenkundig will Aristoteles hier die Nachbarschaft von Ethik und Politik betonen.

6

Das 6. Kapitel setzt neu ein und will den Nous herausarbeiten, jenes vernünftige Innesein der Ausgangspunkte oder Prinzipien – der Voraussetzungen allen beweisenden Wissens. Das ist eine höchst vorsichtige Einführung der Rolle des Nous. Er bleibt sozusagen im Exhaustionsverfahren als dasjenige Wissen übrig, welches das Innewerden der Prinzipien leistet. Man darf wohl hier abermals an die platonische Unterscheidung von Dianoia und Nous erinnern und an die aristotelische Bemühung, den Anteil des Nous in allen Wissensformen, gerade auch, wie sich zeigen wird, in der praktischen Vernünftigkeit der Phronesis, sichtbar zu machen. Seine All-Gegenwart in allem Wissen deutete wohl schon die eigentümliche Endstel-

lung an, die der Nous in der Programmzeile am Anfang des dritten Kapitels bekam. Wenn der nous, dieses unmittelbare Innesein, letzte Evidenz meint, dann ist es ja wirklich so, daß er nie für sich vorkommt, sondern immer im Zusammenhang mit dem Logos, mit dem Wissen, ob und warum ja oder Nein zu sagen ist. Das Verfahren des Aristoteles ist bekannt. Es ist einleuchtend, daß etwas, was überall da ist, sich am wenigsten abhebt und deshalb „zuletzt" übrig bleibt. Ebenso hat auch Plato in *Politeia* IV die Auffindung der „Gerechtigkeit" höchst anschaulich gemacht[11]. Hier muß man auch daran denken, daß *noûn échein* ganz allgemein „bei Verstande sein" meint – also überall am Werke ist. So sahen wir ja auch für das Beweisen und Wissen durch Beweis, daß es nur durch das Dabeisein des Nous dem höchsten Wissen der Weisheit zugehört. Das ist das Ergebnis des kurzen Kapitels, das zum Thema „Weisheit" überleitet.

7

Das siebente Kapitel führt den vollen Begriff von Weisheit ein, wie er für Aristoteles als unbezweifelbares Ideal des theoretischen Wissens gilt und das im Grunde hier gar nicht in Frage stehen kann. Seine Behandlung dient also in Wahrheit der Aufgabe, zu rechtfertigen, daß auch das Wissen, dem wir den Rang des Sich-Verhaltens nach bestem Wissen und Gewissen zubilligen und das er Phronesis nennt, ein wahres, volles Wissen darstellt. Der landläufige Sprachgebrauch von „Weise" wird hier zwar erwähnt, aber sofort eingeschränkt: Weise ist nur der, der in allen Dingen so genannt werden kann und nicht in irgend einer besonderen Könnerschaft, wie das etwa von den großen Künstlern gesagt wird. Dieser universale Sinn von höchstem Wissen und Weisheit kann in seiner Würde überhaupt nicht bezweifelt werden. Er hat den höchsten Gegenstand. Das ist aber nicht so sehr das Menschliche, sondern vor allem ist es das Göttliche, die unveränderliche Ordnung der Gestirne. Eben deshalb versucht Aristoteles zu zeigen, daß es neben diesem Sinn von vollendeter Weisheit, und unabhängig von ihm, eine andere Vollendung von Wissen gibt, die es nur mit dem Menschlichen zu tun hat. Es sieht so aus, als ob Aristoteles hier die Einheit von theoretischer und politischer Vollendung, wie sie in dem Ideal der platonischen Staatsutopie den höchsten Wächtern des Ganzen zugebilligt wird, ausdrücklich bekämpft. Der wahrhafte Weise kann nicht mit dem Sinne für differenzierende und variierende Relativitäten ausgezeichnet

11 Vgl. Platon, *Polieia* IV, 419a – 445e.

sein, wie das für den mit den menschlichen Dingen Befaßten und insbesondere für den großen Staatsmann gelten muß. Hier beruft sich Aristoteles wohl mit Recht darauf, daß die großen Weisen, wie Thales und Anaxagoras, im praktischen Leben unerfahren waren. Unsere Überlieferung, die Thales und anderen praktischen und politischen Weitblick zuschreibt, geht, wie Werner Jaeger glaubhaft dargestellt hat[12], wahrscheinlich auf die aristotelische Schule zurück, die im Ganzen der praktischen Weisheit den Vorzug gab, und das Bild des für das Gemeinwohl unbrauchbaren Theoretikers nicht mehr gelten lassen wollte.

8

So führt die Charakteristik der Weisheit, die Aristoteles durchführt, am Ende auf das alles Wissen umfassende und in sich vollendete Wissen der obersten Gründe von allem, der *archaî*, aber sein eigentliches Interesse besteht darin, die Eigenart der Phronesis herauszuarbeiten. Sie hat es mit dem richtigen Ratfinden zu tun, mit dem Guten in der Praxis des Lebens, und das ist nicht nur das Gute als ein höchstes Allgemeines, sondern gerade auch das Partikulare und Konkrete. Ja, dieses „Wissen" geht als das „Ratwissen" sogar vorwiegend auf die besondere einmalige Situation des in der Praxis Stehenden.

Nur am Rande und ganz ohne Kommentar erscheint der Hinweis, daß es vielleicht auch für den Bereich des praktischen Wissens eine Architektonik, eine oberste Kunst des Anweisens geben könnte. Wir werden nicht fehl gehen, diesen Hinweis als Rückbezug auf das Einleitungskapitel der *Nikomachischen Ethik* in dem Sinne zu verstehen, der ja auch der aristotelischen Politik zukommen wird. Im Bereiche des menschlichen Lebens und seines praktischen Wissens wird es immer einen Bereich geben, in dem das politische Handeln seine Vorzeichnung findet. Alle Gesetzgebung bleibt ja ohne Zweifel in einem solchen Allgemeinbereich von Anweisung – im Unterschied zu der Anwendung der Gesetze, die sich erst in der Konkretion der Rechtsprechung vollzieht. Daß es Aristoteles hier darauf ankommt, das praktische Wissen, im ethischen wie im politischen Sinne, von dem bloßen Allgemeinwissen abzutrennen, geht aus dem folgenden eindeutig hervor: Da wird jedes Mal im Bereiche der Politik das architektoni-

12 Vgl. W. Jaeger, „Über Ursprung und Kreislauf des philosophischen Lebensideal", in *Sitzungsberichte der Preuß. A.d.W. Philos.-hist. Klasse,* 1928, 390-421, auch in Id., *Scripta minora,* I, 347 ff.

sche Wissen mit seinen besonderen Namen der Ökonomie und der Gesetzgebungskunst belegt. Dagegen wird der konkrete Vollzug des politischen Handelns, zum Beispiel bei der Stimmabgabe, der Ratfindung oder der Rechtsprechung, mit dem gemeinsamen Namen von „Politik machen" *(politéuesthai)* ausgezeichnet. Genauso ist es im ethischen Bereich bei der Phronesis, daß ihr eigentlicher Name dort genau zutrifft, wo es sich um einen selber und sein konkretes, praktisches „Ratwissen" in der je gegebenen Situation handelt. Daß es in diesem weiteren Sinne auch eine Art politischer Phronesis, das heißt weitblickende Vernunft, geben kann, wird ausdrücklich gerechtfertigt. Es wird damit zurückgewiesen, daß man sich nur um sich selber, nur um das eigene rechte Leben kümmert, ohne Rücksicht auf die Gemeinschaft, in der man lebt.

9

Auch der Unterschied der Phronesis von dem theoretischen Talent des Mathematikers weist in die gleiche Richtung. Für das in der Praxis stehende Wissen bedarf es offenkundig der Erfahrung. Es handelt sich hierbei also wirklich um ein *„állo eídos gnóseos"* eine andere Art, um sich selber zu wissen, als das theoretische Wissen ist, das man im weitesten Sinne „Episteme" nennen mag und das der Erfahrung nicht bedarf. Das war das Resultat der ganzen Analyse. Phronesis hat es eben nach beiden Richtungen mit dem Letzten zu tun, sowohl mit dem Letzt-konkreten als auch mit dem allgemeinsten Ziel allen praktischen mit sich selbst zu Rate Gehens, wenn es darum geht, sich für das ‚Gute' zu entscheiden. Das ist gewiß nicht nur Sache einer Argumentation, sondern meint die Evidenz des Richtigen, die am Ende den Entschluß trägt. Diese Evidenz, hier Nous genannt, wird durch den Vergleich mit der Evidenz des Feldmessers verdeutlicht. Wenn er den Acker ganz in Dreiecke aufgeteilt hat und an die Berechnung geht, ist es evident, daß er jetzt die Geometrie des Dreiecks anwenden kann. Es hätte keinen Sinn, Dreiecke nochmals weiter zu teilen. Man muß also dort stehenbleiben, wo man die volle Aufteilung in Dreiecke erreicht hat, weil man dann bereits die Berechnungsgrundlage besitzt. Genauso muß man im Hin- und Her-Erwägen dessen, was zu tun ist, schließlich entscheiden und bei dem stehenbleiben, was bei der Beratung als das Tunliche herausgekommen ist. Das ist offenbar nicht im engeren Sinne des Worts sinnliche Wahrnehmung, „Aisthesis", sondern Evidenz des praktisch Richtigen. Daß man in der Praxis nach gewissenhafter Erwägung aller Möglichkeiten zur Entscheidung kommen muß, verleiht der

Entscheidung erst unmittelbare Gültigkeit und deshalb sprechen wir das, worauf gründend hier entschieden wird, nicht so sehr als Aisthetis, sondern als Nous an, als die Evidenz dessen, was am Ende da ist.

10

Das zehnte und die daran anschließenden Kapitel gehen in der Analyse der besonderen Vollzugsform des praktischen Wissens weiter. Der entscheidende Punkt ist, daß es weniger ein Wissen als ein Sichberaten ist, ein mit sich und auch mit Anderen Zurategehen. Damit stiftet sich zugleich der Übergang zu der Gemeinschaft, in der sich ein jeder befindet. Denn das ist im eigentlichen Sinne das Miteinander des Sich-beratens. Deswegen wird dieses gegenüber anderen Formen des praktischen Sinnes abgehoben.

Als Sinn für das Ratsame wird dieser Vollzug des praktischen Wissens mit dem damals modischen politischen Ausdruck „Eubulie", Wohlberatenheit, benannt. Dieses Kapitel macht besonders deutlich, wie schwer es ist, den vollen Bedeutungskreis von Phronesis im Deutschen wiederzugeben. Es ist nicht nur Vernünftigkeit, es ist auch eine Art politischer und sozialer Verantwortlichkeit, die hier gemeint ist, und das ist der Grund, warum ich für Phronesis öfters zwei Worte gebrauche, Vernünftigkeit oder Gewissenhaftigkeit. Im Griechischen ist beides das eine Wort: „Phronesis". Als das Wesentliche an der Vollzugsweise dieses praktischen Wissens ist jedenfalls festzuhalten, daß es sich hier um so etwas wie Richtigkeit handelt. Richtigkeit meint Richtung, Einhaltung einer Sinnrichtung, auf die das praktische Wissen in Klarheit wie in Wahrheit gerichtet ist. Nur wer das kann, den nennen wir „handlungsfähigs, und diese Handlungsfähigkeit besteht nicht in bloßer Klugheit und Sachwissen allein, sondern auch in Verantwortlichkeit, deren man sich bewußt ist.

11

Dabei handelt es sich immer um Gegebenheiten, in denen der Mensch sich nicht allein befindet, da er immer in einer konkreten, privaten und öffentlichen Situation steht, und das Rechte auch in der konkreten Situation des Anderen aufzusuchen hat. Das wird vollends durch die folgenden Abwandlungen solcher Formen praktischen Wissens, die der Phronesis nahestehen, erwiesen. Aristoteles beginnt mit der *sýnesis,* nicht ohne leichte begriffliche Gewaltsamkeit. Denn „Synesis" ist sonst im theoretischen

Zusammenhang das Verstehen von etwas Gesagtem oder Gelerntem und wird nun insofern verschoben, als es hier das „um sich selbst Wissen“ und Verstehen des Anderen meint, so daß einer von seinem Wissen um sich selbst her die Situation des Anderen versteht. Damit ist die hermeneutische Grundtugend mitbeschrieben, die ja in unserer literarischen Kultur nicht nur den Rat des Freundes oder das Urteil über das Verhalten eines anderen meint, sondern das Ganze der verständlichen und einsichtigen Erfahrung anderer, von denen wir lernen. Auch der ganze Bereich von Wissenschaft, Dichtung und Kunst ist immer ein Austausch mit Anderen, der die eigene Erfahrung bereichert. So müssen wir den Bereich von Verständnis und Verstehen ausweiten. Immer spielt beides zusammen: Nähe zu der eigenen Zugehörigkeit und verantwortliche Anteilnahme an dem Anderen.

Daß solche Ausweitung der aristotelischen Absicht entspricht, wird vor allem an den weiteren Modifikationen des praktischen Wissens deutlich: Gnome ist Einsicht, Syngnome ist Nachsicht, Einsichtigkeit für den Anderen. Das Wort kann sogar Verzeihung bedeuten. Auch dies sind Formen von „Bestheit“ des Wissens. Sie lassen es damit nicht etwa an der Unverbrüchlichkeit des Rechtes fehlen, wenn sie mit „Billigkeit“ urteilen, sondern sie treffen das Recht und das Gerechte besser, wenn sie den Anderen und seine Lage verstehen und verständnisvoll würdigen.

Über die Rolle des *epieikés,* der „Billigkeit“, kann man sich im Kapitel 14 des 5. Buches der *Nikomachischen Ethik* näher belehren lassen. Jedenfalls werden dort die Abwandlungen der gewissenhaften Vernünftigkeit und der Sinn dessen, was hier praktisch heißt, in seinem Bezug auf das Gute, das Gerechte und Billige völlig klar. Zweifelsfrei hat Aristoteles auf diese Weise sichtbar machen wollen, daß juristische bekannte Begriffe zu intellektuellen Tugenden der menschlichen Praxis gehören. Damit hat er in Wahrheit die Intention des sokratischen Dialogs und der platonischen Dialektik weitergeführt und zu begrifflich abgewogener Bestimmung gebracht. Indem er die kritische Elenktik des Sokrates und die mythische Bildersprache Platos in die Sprache des Begriffs übersetzt, hat er dem Begriff des Ethos seinen wahren Sinn zurückgegeben. Er bedeutet die politisch-praktische Prägung des Lebens im Ganzen. Dem entspricht, daß Aristoteles Ethos und Logos als etwas Untrennbares ansieht. Zugleich genügt er damit dem wesentlichen Punkt der Rechenschaftsforderung, mit dem im Zeitalter der Sophistik der platonische Sokrates der Auflösung des Ethos entgegengetreten war.

12

Das 12. Kapitel zieht entsprechend die Bilanz. Es läßt die verschiedenen Formen menschlichen Wissendseins als Modifikationen eines und desselben Sinnes erkennen. Sie stehen alle im Bezug auf den Anderen, sei es im Urteilen, sei es im Verfahren. Immer geht es um den Sinn für das Rechte in der konkret gegebenen Situation. Insofern ist auch dabei Nous im Spiele. Es handelt sich jeweils um die unmittelbare Evidenz, und ebenso ist es Evidenz, wenn der Nous als der Sinn für das Allgemeine im Spiele ist. Der Nous, der diese unmittelbare Evidenz bringt, geht auf beides. Offenkundig unterstreicht Aristoteles hier erneut, daß es sich jeweils um das Urteil in der konkreten Situation handelt, wenn er eigens sagt, daß Alter und Erfahrung gegenüber der Jugend im Vorteil und wertvoller als diese sei. – Das Ganze schließt dann mit dem 13. Kapitel. In einem offenbar gut durchkomponierten, fast fehlerlos erhaltenen Text wird jetzt das abschließende Resultat festgestellt, das die eingangs formulierte Frage entschieden hat. Es hat sich herausgestellt, daß auch die praktische Vernunft, und nicht nur die theoretsiche Vernunft, eine höchste Tugend des Wissendseins ist. So bleibt die Frage, wie diese beiden Vollendungen von Vernunft und Gewissenhaftigkeit sich zueinander verhalten. Damit treten wir erneut in den alten Problemkreis des Vorrangs der Theorie vor der menschlichen Praxis.

13

Zunächst setzte Aristoteles in dem ihm eigenen Stile mit einer Aporie ein: Was soll theoretisches Wissen zu dem Lebensglück beitragen können? Und was soll das Wissen der praktischen Vernunft nützen, wenn die praktischen Tugenden des Menschen im Grunde Seinsverfassungen (Hexeis) sind, und das heißt doch, daß sie im Sein, dem Gerechtsein usw. bestehen und nicht im bloßen Wissen? Wer ein *spoudaîos* ist – wir würden für diesen Inbegriff sittlich-sozialer Qualifikation sagen: „wer ein anständiger Mensch ist" – braucht solches Wissen offenbar nicht mehr, und wenn er es nicht ist, kann er es erst recht nicht brauchen. So steht es hier zu lesen, und das ist natürlich ein Nonsens. Denn Tugenden sind nicht etwas, was man nur gelegentlich anwendet.

Es handelt sich um zwei Fragen. Zunächst wird die Frage nach dem Nutzen, den die Arete, die „Tugend," bringt, grundsätzlich abgewiesen. Auch bei der „Weisheit", der theoria, ist es ja nicht so, daß sie das Glück herstellt, sondern in ihrem Vollzug besteht das Glück. Das gleiche gilt für

das praktische Wissen, die Phronesis, da sie von den ethischen Tugenden ganz untrennbar ist. In beiden Fällen handelt es sich also nicht um ein Wissen, das angewendet wird, sondern es ist immer schon mit da.

Ausführlich wird schließlich die Frage behandelt, ob das praktische Wissen wirklich dazu hilft, das Rechte zu tun. Auch hier lautet die Antwort, daß es auf das Wie des Handelns selbst ankommt und auf die überlegte gewissenhafte Wahl (Prohairesis). Hier könnte man nun einwenden, ob das nicht Sache der Arete selber sei, eben des erworbenen sittlichen Seins, das Rechte jeweils vorzuziehen. Allenfalls für die Findung der rechten Mittel und Wege bedürfte es dann in der konkreten Situation einer anderen besonderen Fähigkeit. Daß es keine Lösung ist, das Wissen auf das Finden der Mittel zu reduzieren, erläutert Aristoteles an dem, was die Griechen *deínotes* nannten. So heißt jene unheimliche Geschicklichkeit und Findigkeit, wie sie gerade auch die Gauner haben. In dieser Fähigkeit liegt also überhaupt keine Orientierung auf das, was das Gute und Schöne ist, sondern nur darauf, wie man zu einem vorschwebenden Zwecke die rechten Mittel findet. Ob aber durch von solchem praktischen Sinn geleitetes Tun etwas Gutes geschieht, dafür muß die praktische Vernunft – gewiß in Eins mit dem Ethos – die Grundorientierung geben.

Zusammenfassung

Die praktische Vernünftigkeit, die Phronesis heißt, umgreift sowohl die praktischen Normen, die das Ethos bilden, als auch das rechte Vorgehen von Schritt zu Schritt bei allen Entscheidungen. Beides ist eine Funktion desselben evidenten Inneseins, das Aristoteles Nous nennt. Er ist gewiß auch so etwas wie ein „praktischer Sinn", der dem Ethos und seinen Normen nützlich ist. Es ist das aber nur einer der Aspekte, mit denen er der Vernunft im vollen Bereiche menschlicher Praxis dient. Es war eine durch die Jahrhunderte gehende Fehlinterpretation, die Phronesis nur als ein Mittel zum Zweck, als eine Art von Klugheit anzusehen, als ob die sittliche Ausrichtung der Person allein vom Ethos abhinge. In Wahrheit sieht Aristoteles beides als untrennbar an. Es war irreführend, wenn man Phronesis im klassischen Latein zunächst mit Prudentia übersetzte und gar im Deutschen als „Klugheit" wiedergab, als ob das eine wirkliche Tugend wäre. „Klugheit" ist überhaupt keine Tugend, sondern eine Naturgabe. Offenbar lag Aristoteles daran, daß das praktische Wissen der Phronesis vor allem die Urteilsfähigkeit im konkreten Fall meint, auch wenn man normative und begriffliche Gesichtspunkte der Erziehung und des Ethos auf diese Weise verwirklicht.

Es mag gelegentlich so klingen, als wäre Phronesis wirklich für einen schon feststehenden Zweck der Sinn für das Tunliche. Aber gerade die Rolle unseres Textes im ganzen Aufbau der *Nikomachischen Ethik* zeigt, was man dabei nicht beachtet. Die Richtung auf das Gute, die wir unserem Leben zu geben suchen, ist ständig gefährdet durch all unsere Schwächen, durch die Gewalt unserer Emotionen und die Wechselhaftigkeit unserer Stimmungen. Jedenfalls kommt es nicht auf bloße Findigkeit an, die zu beliebigem Ziele zu gelangen weiß. Vielmehr gehört wesentlich dazu, das Rechte im Blick zu haben und fest im Auge zu behalten. Es ist also ein Blick, der das Ganze des eigenen Lebens umfaßt. Das macht die Phronesis, die praktische Vernünftigkeit, zur „Tugend".

Gewiß stimmt es für die Vernünftigkeit, daß auch sie eine mehr oder minder natürliche Anlage des Menschen voraussetzt, wie eben auch Mut oder Ängstlichkeit, Geiz oder Verschwendungssucht, oder wie immer, als Naturanlagen einem Menschen zugeteilt sind. Das, was man Tugenden nennt, ist aber mehr als solche Anlagen. Es sind die wirklichen „Bestheiten", auf die man als auf das Richtige gerichtet ist und die freilich auch oft genug unter dem Druck unserer Anlagen und Triebe stehen. Man kann in ihnen nur Tugenden sehen, wenn die Wachheit der praktischen Vernunft

uns in der Art leitet, daß Ethos und Phronesis vereinigt sind, und unser Verhalten bestimmen. Insofern ist es richtig, daß Aristoteles die Wachheit der praktischen Vernunft im Bereich der Praxis selber als höchste Tugend auszeichnet. Sie ist ein Habitus, etwas, was man ist und was nicht wiederum eine gesetzte Norm darstellt. In diesem Zusammenhang betont Aristoteles in seiner Kritik an Sokrates, daß die Tugend nicht einfach ein Wissen ist, das eine Norm anwendet und einer Norm gemäß ist, sondern daß es vielmehr die Wachheit selber ist, die alle Normen im Auge behält und nicht bloß Mittel zum Zweck ist. Es ist nicht *katá*, sondern *metá tou lógou*.

Nach dieser Herausarbeitung der Untrennbarkeit von Ethos und Phronesis wirkt es nur wie ein kurzer Nachsatz und durchaus verständlich, wenn Aristoteles feststellt, daß praktische Vernünftigkeit sich damit verträgt, daß der allerhöchste Zustand das Wissen der Theorie ist. Aristoteles hat diesen Vorrang der Theorie am Schluß der *Nikomachischen Ethik* nochmals verteidigt, und man verkennt den Schluß des Ganzen, wenn man darin einen Rückfall des Aristoteles in die platonische Ideenlehre sehen will. Vielmehr hält er es selber für fraglos, daß das Aufgehen im Anschauen und das Einssein mit dem Wahren eine höchste Belebung unseres Erkennens darstellt. In solchem Innestehen ist einem sozusagen etwas gelungen und man ist glücklich, wie es sonst nur den Göttern gewährt wird. Aber es ist klar, daß uns Menschen nie mehr als eine vorübergehende Annäherung an dieses Glück zuteil werden kann. Denn es sind ja eben die naturhaften Bedingtheiten, die die ganze Kraft unserer Wachheit verlangen, um es zu ermöglichen, daß solches Glück des Aufgehens sich in unsere Lebensführung einformt.

Abschließend hat man festzustellen, daß das Buch 6. der *Nikomachischen Ethik* insofern eine zentrale Stellung einnimmt, als hier unter dem Thema der Phronesis, der praktischen Vernünftigkeit und Gewissenhaftigkeit, ein höchster Aspekt des menschlichen Daseins beschrieben wird, wie ihn das wirklich gelebte Leben bietet. Hier, in der theoretischen Reflexion der Philosophie, wird dieselbe als „praktische Philosophie“ abgehandelt. Folgerichtigerweise schließt die ganze Abhandlung des Buches mit dem Verweis auf die Politik. Das entspricht zwar der Vorankündigung, daß die Ethik ein Teil der Politik sei. Freilich ist die Durchführung der angekündigten Politik sehr andersartig als eine bloße Anwendung der Ethik. Politik ist für Aristoteles vor allem Gesetzgebung, und eine solche schließt im griechischen Leben die Verehrung der Götter mit ein. Daraus folgt freilich nicht, daß der Mensch durch die Praxis der Gesetzgebung und durch die Regelung des Kultus den Göttern Vorschriften machen will. Der Mensch nähert sich vielmehr, wenn er in der gebotenen Verehrung der Götter auf-

geht, dem theoretischen Dasein, das die Griechen den Göttern selber zuschrieben. Solche Annäherung gelingt aber niemandem, der nicht mit sich selber einig ist, und insofern bleibt Phronesis und Ethos kein bloßes Können oder Machen, keine bloße Anwendung von etwas, sondern beides ist hier führend, daß man es geschehen läßt und darin mit sich einig ist.

Wenn man sich fragt, was dieses zentrale Stück innerhalb der praktischen Philosophie des Aristoteles zu der gegenwärtigen Situaton der Philosophie zu sagen hat, so wird man wohl zweierlei feststellen dürfen.

1. Wissen besteht nicht nur in der Sammlung richtiger Aussagen. Auch Wissenschaft, insbesondere die ‚reine' Wissenschaft der Mathematik, ist mehr als das, auch wenn man ein ganzes Weltalter auf die mathematische Basis und auf die Logik des Beweisens gegründet hat. Menschliches Wissen und Können ist nicht einfach nur Anwendung von Wissenschaft. Es gibt vielmehr ein höchstes Wissen von zwingender Evidenz für den Einzelnen wie für die Gesellschaft und den Staat, das das menschliche Verhalten leitet. Es ist ein Wissen, das sich im richtigen Wählen des richtigen Verhaltens bewährt, das nicht in richtigen Sätzen besteht, noch sich beweisen läßt.

2. Es gibt ein unauflösliches Wechselverhältnis zwischen dem Wissen des praktisch Rechten und Guten und dem theoretischen Ideal der Theorie. Aristoteles hat in seiner *Metaphysik* einer ontologischen Evidenz Folge geleistet, die man auch nach Nietzsche und Heidegger nicht bestreiten kann: Die Gegenwärtigkeit des Seienden, sein Da, kommt im Bewußtsein des Menschen zu seiner Gegenwart. Hiermit wird jedoch keineswegs ein Vorrang des Selbstbewußtseins im Sinne der Einseitigkeit der modernen Bewußtseinsphilosophie ausgesagt. Heidegger hat vielmehr das bleibende Verdienst, diesen Ausgangspunkt vom Da des Daseins aus begriffen zu haben, das uns alle trägt. Er hat damit den Sinn für die Rationalität des Praktischen, die Aristoteles als erster analysiert hat, für die zentralen Fragen der Philosophie im Zeitalter der Wissenschaft und der Technik fruchtbar gemacht. Unter dem unangemessenen Namen der Metaphysik klingt etwas von der höheren Physik des Aristoteles an, die so lange die Geschichte des Abendlandes beherrscht hat. Die Umformung der Physik in die neue Wissenschaft auf der Basis der Mathematik, die Galilei eröffnete, hat die neue Aufgabe in sich geschlossen, die Allmacht des Wissens, das alles beherrscht, in seinen Grenzen zu erkennen. Das hat neue Wege des Denkens zu beschreiten genötigt. Sie haben unter Stichworten wie „Lebenswelt", „Faktizität", „Existenz", „Hermeneutik", „Dialog" und „Vollzug" an der praktischen Philosophie des Aristoteles Orientierung gesucht und gefunden.

Der Zusammenhang der Ethik mit der Politik spielt notwendig in dieses zentrale Stück der aristotelischen Ethik hinein. Gewiß besteht für Aristoteles das Ziel der Analyse gerade darin, die Eigenart des praktischen Wissens gegenüber dem theoretischen Wissen zu rechtfertigen. Der Übergang zur Politik und zu den größeren Maßstäben des gesellschaftlichen Seins erhebt ins Bewußtsein, daß die bekannte Definition des Menschen, das politische Lebewesen zu sein, nicht nur einen Appell an den Einzelnen richtet. Das ist die Frage der gesellschaftlichen Verfassung des menschlichen Zusammenlebens, die sich nicht nur in der Gesetzgebung und Rechtsordnung gestaltet, sondern vor allem durch die Erziehung der Bürger zum richtigen Miteinanderleben. Der Schluß der *Nikomachischen Ethik* nimmt daher den Anfang des Ganzen wieder auf. Eine wirkliche Lenkung des Menschen erfolgt nicht durch Argumentieren allein; sie ist mit der ganzen Erziehung des Menschen verflochten, auf deren Prägekraft die praktische Vernünftigkeit im Sinne des Aristoteles beruht, und das gilt für alle Ethik. Nicht umsonst hat Plato sein letztes großes Alterswerk den Gesetzen gewidmet, nicht um die Lebensordnungen als eine Regelbefolgung zu festigen, sondern vielmehr um uns der Grenzen unserer menschlichen Ordnungskraft und unserer Schwächen stets eingedenk bleiben zu lassen. Nicht umsonst hat Augustin *De civitate Dei* an die *Gesetze* angeknüpft.

Ἐπεὶ δὲ τυγχάνομεν πρότερον εἰρηκότες ὅτι δεῖ τὸ μέσον αἱρεῖσθαι, μὴ τὴν ὑπερβολὴν μηδὲ τὴν ἔλλειψιν, τὸ δὲ μέσον ἐστὶν ὡς ὁ λόγος ὁ ὀρθὸς λέγει, τοῦτο διέλωμεν. ἐν πάσαις γὰρ ταῖς εἰρημέναις ἕξεσι, καθάπερ καὶ ἐπὶ τῶν ἄλλων, ἔστι τις σκοπὸς πρὸς ὃν ἀποβλέπων ὁ τὸν λόγον ἔχων ἐπιτείνει καὶ ἀνίησιν, καί τις ἔστιν ὅρος τῶν μεσοτήτων, ἃς μεταξύ φαμεν εἶναι τῆς ὑπερβολῆς καὶ τῆς ἐλλείψεως, οὔσας κατὰ τὸν ὀρθὸν λόγον. ἔστι δὲ τὸ μὲν εἰπεῖν οὕτως ἀληθὲς μέν, οὐθὲν δὲ σαφές· καὶ γὰρ ἐν ταῖς ἄλλαις ἐπιμελείαις, περὶ ὅσας ἐστὶν ἐπιστήμη, τοῦτ᾽ ἀληθὲς μὲν εἰπεῖν, ὅτι οὔτε πλείω οὔτε ἐλάττω δεῖ πονεῖν οὐδὲ ῥᾳθυμεῖν, ἀλλὰ τὰ μέσα καὶ ὡς ὁ ὀρθὸς λόγος· τοῦτο δὲ μόνον ἔχων ἄν τις οὐδὲν ἂν εἰδείη πλέον, οἷον ποῖα δεῖ προσφέρεσθαι πρὸς τὸ σῶμα, εἴ τις εἴπειεν ὅτι ὅσα ἡ ἰατρικὴ κελεύει καὶ ὡς ὁ ταύτην ἔχων. διὸ δεῖ καὶ περὶ τὰς τῆς ψυχῆς ἕξεις μὴ μόνον ἀληθῶς εἶναι τοῦτ᾽ εἰρημένον, ἀλλὰ καὶ διωρισμένον τίς ἐστιν ὁ ὀρθὸς λόγος καὶ τούτου τίς ὅρος.

2 Τὰς δὴ τῆς ψυχῆς ἀρετὰς διελόμενοι τὰς μὲν εἶναι
1139a τοῦ ἤθους ἔφαμεν τὰς δὲ τῆς διανοίας. περὶ μὲν οὖν τῶν ἠθικῶν διεληλύθαμεν, περὶ δὲ τῶν λοιπῶν, περὶ ψυχῆς πρῶτον εἰπόντες, λέγωμεν οὕτως. πρότερον μὲν οὖν ἐλέχθη

Nikomachische Ethik
Sechstes Buch

I

Nachdem wir früher gesagt haben[1], man müsse die Mitte wählen, nicht das Zuviel noch das Zuwenig, und die Mitte als das bezeichnet, was die rechte Denkweise *[lógos]* vorschreibt, müssen wir das jetzt näher erklären.

In allen Grundhaltungen des Menschen *[héxeis]*, von denen wir gesprochen haben, gibt es, wie auch in den übrigen Sachen, einen Zweckgesichtspunkt, auf welchen ein vernünftiger Mensch *[lógon échon]* seine Kräfte anspannt und entspannt, und gibt es eine mittlere Grenzmarke, die zwischen dem Zuviel und dem Zuwenig liegt und der rechten Denkweise entspricht.

Das zu sagen ist allerdings wahr, aber noch keineswegs deutlich. Denn von allen Betätigungen, bei denen es um Wissen geht, läßt es sich behaupten, man solle an Anspannung und Entspannung weder Zuviel noch Zuwenig tun, sondern man müsse die Mitte halten, die die rechte Denkweise vorschreibt. Wenn man nur das gesagt bekommt, dann weiß man weiter gar nichts; so wüßte man keineswegs, was man dem Körper zukommen lassen müßte, wenn da jemand sagt: „alles, was und wie die Heilkunde und der mit dieser Kunst Vertraute vorschreibt". Ebenso ist es auch bei den Grundhaltungen der Seele nicht genug, daß das wahr ist, was man einem sagt, denn es muß auch genau angegeben werden, was die rechte Denkweise ist und in welcher Begrenzung.

II

Die Bestheiten der Seele haben wir in sittliche und geistige Tugenden eingeteilt und wir sind die sittlichen Tugenden durchgegangen[2]. So wollen wir jetzt auch die übrigen behandeln. Vorher aber müssen wir noch einmal auf die Seele zu sprechen kommen. Wir haben früher gesagt[3], die Seele habe

1 Vgl. II, 1104a 11-27, 1106a 26 – 1107b 6, 1107a 27. Vgl. auch I, 1095a 10; 1098a 7; II, 1103b 32; 1107a 1; III 1114b 29, 1119a 20, 1119b 11-18; IV, 1120 a 25; 1122b 29; V, 1138a 10.

2 Vgl. I, 1103a 3-7. Über die sittlichen Tugenden vgl. III, 1115a 5 – V, 1138a 4 – 1138b 18.

3 Vgl. I, 1102a 26-28.

δύ' εἶναι μέρη τῆς ψυχῆς, τό τε λόγον ἔχον καὶ τὸ ἄλογον· νῦν δὲ περὶ τοῦ λόγον ἔχοντος τὸν αὐτὸν τρόπον διαιρετέον. καὶ ὑποκείσθω δύο τὰ λόγον ἔχοντα, ἓν μὲν ᾧ θεωροῦμεν τὰ τοιαῦτα τῶν ὄντων ὅσων αἱ ἀρχαὶ μὴ ἐνδέχονται ἄλλως ἔχειν, ἓν δὲ ᾧ τὰ ἐνδεχόμενα· πρὸς γὰρ τὰ τῷ γένει ἕτερα καὶ τῶν τῆς ψυχῆς μορίων ἕτερον τῷ γένει τὸ πρὸς ἑκάτερον πεφυκός, εἴπερ καθ' ὁμοιότητά τινα καὶ οἰκειότητα ἡ γνῶσις ὑπάρχει αὐτοῖς. λεγέσθω δὲ τούτων τὸ μὲν ἐπιστημονικὸν τὸ δὲ λογιστικόν· τὸ γὰρ βουλεύεσθαι καὶ λογίζεσθαι ταὐτόν, οὐδεὶς δὲ βουλεύεται περὶ τῶν μὴ ἐνδεχομένων ἄλλως ἔχειν. ὥστε τὸ λογιστικόν ἐστιν ἕν τι μέρος τοῦ λόγον ἔχοντος. ληπτέον ἄρ' ἑκατέρου τούτων τίς ἡ βελτίστη ἕξις· αὕτη γὰρ ἀρετὴ ἑκατέρου, ἡ δ' ἀρετὴ πρὸς τὸ ἔργον τὸ οἰκεῖον. Τρία δή ἐστιν ἐν τῇ ψυχῇ τὰ κύρια πράξεως καὶ ἀληθείας, αἴσθησις νοῦς ὄρεξις. τούτων δ' ἡ αἴσθησις οὐδεμιᾶς ἀρχὴ πράξεως· δῆλον δὲ τῷ τὰ θηρία αἴσθησιν μὲν ἔχειν πράξεως δὲ μὴ κοινωνεῖν. ἔστι δ' ὅπερ ἐν διανοίᾳ κατάφασις καὶ ἀπόφασις, τοῦτ' ἐν ὀρέξει δίωξις καὶ φυγή· ὥστ' ἐπειδὴ ἡ ἠθικὴ ἀρετὴ ἕξις προαιρετική, ἡ δὲ προαίρεσις ὄρεξις βουλευτική, δεῖ διὰ ταῦτα μὲν τόν τε λόγον ἀληθῆ εἶναι καὶ τὴν ὄρεξιν ὀρθήν, εἴπερ ἡ προαίρεσις σπουδαία, καὶ τὰ αὐτὰ τὸν μὲν φάναι τὴν δὲ διώκειν. αὕτη μὲν οὖν ἡ διάνοια καὶ ἡ ἀλήθεια πρακτική· τῆς δὲ θεωρητικῆς διανοίας καὶ μὴ πρακτικῆς μηδὲ ποιητικῆς τὸ εὖ καὶ κακῶς τἀληθές ἐστι καὶ ψεῦδος (τοῦτο γάρ ἐστι παντὸς διανοητικοῦ ἔργον)· τοῦ δὲ πρακτικοῦ καὶ διανοητικοῦ ἀλήθεια ὁμολόγως ἔχουσα τῇ ὀρέξει τῇ ὀρθῇ. πράξεως μὲν οὖν ἀρχὴ προαίρεσις—ὅθεν ἡ κίνησις ἀλλ' οὐχ οὗ ἕνεκα—προαιρέσεως δὲ ὄρεξις καὶ λόγος ὁ

zwei Seiten, eine vernünftige und eine nicht-vernünftige; jetzt müssen wir ebenso die vernünftige Seite derselben weiter einteilen. Wir setzen also voraus, daß an der vernünftigen Seite der Seele nochmal zwei Teile zu unterscheiden sind: der eine, betrachtet als das, dessen Wesen *[archaí]* keine Veränderung zuläßt, der andere betrachtet als das veränderliche Sein. Wenn Erkennen nämlich sich aufgrund von Ähnlichkeit und Verwandtschaft mit dem erkannten Gegenstand vollzieht, so wird es für zwei der Gattung nach verschiedene Gebiete des Erkennens auch zwei der Gattung nach verschiedene Teile der Seele geben, deren jede je auf das ihr verwandte Gebiet gerichtet ist. Wir möchten den einen dieser Teile als „auf Wissen beruhend" *[epistemonikón]* und den anderen „auf Überlegung beruhend" *[logistikón]* bezeichnen. Denn Überlegen und Sich-Beraten ist ein- und dasselbe. Niemand berät sich aber über das was gar nicht anders sein kann als es ist. Diese Fähigkeit zu überlegen ist somit der eine Teil der vernünftigen Seite der Seele. Nun ist zu bestimmen, welche Verfassung in jeder dieser beiden Teile die beste ist. Denn das ist je die Tugend in beiden; die Tugend richtet sich immer nach ihrer eigentümlichen Aufgabe.

Dreierlei nun ist in der Seele zu unterscheiden, von dem alles Verhalten *[práxis]* und alles Erkennen der Wahrheit abhängt: Empfindung *[aísthesis]*, Vernunft *[noûs], Lebenstrieb [órexis]*[4]. Unter diesen kann die Empfindung keine Quelle irgendeines Verhaltens sein – was daraus hervorgeht, daß den Tieren zwar die Empfindung zukommt, daß sie aber keinen Anteil an dem Sich-Verhalten haben können. Was nun beim Denken Bejahen und Verneinen, das ist beim Lebenstrieb Streben und Meiden. Weil die sittliche Tugend eine mit einer Vorzugswahl *[prohaíresis]* verbundene Grundhaltung, das Vorziehen aber ein mit Überlegen verbundener Lebenstrieb ist, muß einerseits die Überlegung wahr und andererseits der Lebenstrieb richtig sein. Nur was die Überlegung bejaht, muß der Lebenstrieb erstreben, wenn die Vorzugswahl gut ausfallen soll. Dies ist das Denken und die Wahrheit, die man praktisch nennt. Vom theoretischen Denken dagegen, das weder praktisch noch poietisch ist, stellen Wahrheit und Falschheit das Gute und das Schlechte dar – denn das ist die Leistung der gesamten denkenden Seite. Die Leistung der zugleich denkenden und zugleich praktischen Seite ist die mit dem rechten Begehren in Übereinstimmung befindliche Wahrheit.

Die Quelle des Verhaltens ist die Vorzugswahl als Anfang der Bewegung, nicht als Zweckursache; die Quelle der Vorzugswahl aber ist sowohl der Lebenstrieb wie die auf einen Zweck gerichtete Denkweise. Daher

[4] Vgl. *Über die Seele,* II 5 – III 2, III 3-8, III, 9-11.

ἕνεκά τινος. διὸ οὔτ᾽ ἄνευ νοῦ καὶ διανοίας οὔτ᾽ ἄνευ ἠθικῆς ἐστὶν ἕξεως ἡ προαίρεσις· εὐπραξία γὰρ καὶ τὸ ἐναντίον ἐν πράξει ἄνευ διανοίας καὶ ἤθους οὐκ ἔστιν. διάνοια δ᾽ αὐτὴ οὐθὲν κινεῖ, ἀλλ᾽ ἡ ἕνεκά του καὶ πρακτική·
1139b αὕτη γὰρ καὶ τῆς ποιητικῆς ἄρχει· ἕνεκα γάρ του ποιεῖ πᾶς ὁ ποιῶν, καὶ οὐ τέλος ἁπλῶς (ἀλλὰ πρός τι καὶ τινός) τὸ ποιητόν, ἀλλὰ τὸ πρακτόν· ἡ γὰρ εὐπραξία τέλος, ἡ δ᾽ ὄρεξις τούτου. διὸ ἢ ὀρεκτικὸς νοῦς ἡ προαίρεσις ἢ ὄρεξις διανοητική, καὶ ἡ τοιαύτη ἀρχὴ ἄνθρωπος. οὐκ ἔστι δὲ προαιρετὸν οὐδὲν γεγονός, οἷον οὐδεὶς προαιρεῖται Ἴλιον πεπορθηκέναι· οὐδὲ γὰρ βουλεύεται περὶ τοῦ γεγονότος ἀλλὰ περὶ τοῦ ἐσομένου καὶ ἐνδεχομένου, τὸ δὲ γεγονὸς οὐκ ἐνδέχεται μὴ γενέσθαι· διὸ ὀρθῶς Ἀγάθων

μόνου γὰρ αὐτοῦ καὶ θεὸς στερίσκεται,
ἀγένητα ποιεῖν ἅσσ᾽ ἂν ᾖ πεπραγμένα.

ἀμφοτέρων δὴ τῶν νοητικῶν μορίων ἀλήθεια τὸ ἔργον. καθ᾽ ἃς οὖν μάλιστα ἕξεις ἀληθεύσει ἑκάτερον, αὗται ἀρεταὶ ἀμφοῖν.

3 Ἀρξάμενοι οὖν ἄνωθεν περὶ αὐτῶν πάλιν λέγωμεν. ἔστω δὴ οἷς ἀληθεύει ἡ ψυχὴ τῷ καταφάναι ἢ ἀποφάναι, πέντε τὸν ἀριθμόν· ταῦτα δ᾽ ἐστὶ τέχνη ἐπιστήμη φρόνησις σοφία νοῦς· ὑπολήψει γὰρ καὶ δόξῃ ἐνδέχεται δια-

setzt die Vorzugswahl beides, ebensowohl Vernunft und Denken wie eine sittliche Grundhaltung voraus, denn ein rechtes Verhalten und das Gegenteil ist im menschlichen Tun ohne Denken und ohne eine feste Grundhaltung unmöglich. Das Denken an sich ruft keine Bewegung hervor, sondern nur das auf einen Zweck gerichtete, praktische Denken. Von diesem hängt ja auch das poietische Denken ab. Denn jeder, der etwas herstellt, tut dies zu einem bestimmten Zweck, und das Herstellen als Vorgang ist kein Selbstzweck, sondern nur mit Bezug auf ein anderes und für ein anderes. Dagegen ist das Sich-Verhalten der Praxis schon als Vorgang Selbstzweck. Denn Wohl-Verhalten ist hier der Zweck, und darauf ist der Lebenstrieb gerichtet. Deswegen ist die Vorzugswahl entweder eine vom Lebenstrieb bestimmte Vernunft oder ein von Vernunft bestimmter Lebenstrieb, und solche Grundkraft *[arché]* ist der Mensch.

Gegenstand der Vorzugswahl kann übrigens kein Vergangenes sein. Niemand setzt sich etwa vor, Ilion zerstört zu haben. Man beratschlagt ja nicht über das Vergangene, sondern über das Zukünftige und Mögliche; das Vergangene aber kann unmöglich ungeschehen sein. Daher sagt Agathon treffend[5]:

Denn dies allein bleibt sogar dem Gott versagt,
Ungeschehen zu machen, was einmal geschehen ist.

Das Erkennen der Wahrheit ist also die Leistung beider Teile der Vernunft. Diejenige feste Grundhaltung, vermöge derer jeder Teil die Wahrheit am besten erkennt, ist die Tugend eines jeden.

III

Wir müssen nun, um die Erörterung derselben fortzusetzen, etwas weiter ausholen. Die Wege, auf denen die Seele bejahend oder verneinend die Wahrheit trifft, mögen fünf sein: Sachkundigkeit *[téchne]*, Wissenschaftlichkeit *[epistéme]*, Vernünftigkeit *[phrónesis]*, Weisheit *[sophía]*, Vernunft *[noûs]*[6]. Durch bloßes Vermuten und bloßes Meinen dagegen kann man auch im Irrtum sein.

[5] Agathon, Frg. 5 Dindorf. Tragischer Dichter (ca. 445-401 v. Chr.), dessen Werke verloren sind, spielt Agathon eine der Hauptfiguren in Platons *Symposium.* Vgl. dazu Aristoteles, *Poetik* 9, 1451b 21 und 18, 1456a 18 und 29 ff.

[6] Eine ähnliche Aufzählung, in der für die Mathematik *diánoia* vorkommt, findet sich in Aristoteles, *Analytica posteriora* I 33, 89b 7-9.

ψεύδεσθαι. ἐπιστήμη μὲν οὖν τί ἐστιν, ἐντεῦθεν φανερόν, εἰ δεῖ ἀκριβολογεῖσθαι καὶ μὴ ἀκολουθεῖν ταῖς ὁμοιότησιν. πάντες γὰρ ὑπολαμβάνομεν, ὃ ἐπιστάμεθα, μηδ' ἐνδέχεσθαι ἄλλως ἔχειν· τὰ δ' ἐνδεχόμενα ἄλλως, ὅταν ἔξω τοῦ θεωρεῖν γένηται, λανθάνει εἰ ἔστιν ἢ μή. ἐξ ἀνάγκης ἄρα ἐστὶ τὸ ἐπιστητόν. αἰδιον ἄρα· τὰ γὰρ ἐξ ἀνάγκης ὄντα ἁπλῶς πάντα αἰδια, τὰ δ' αἰδια ἀγένητα καὶ ἄφθαρτα. ἔτι διδακτὴ ἅπασα ἐπιστήμη δοκεῖ εἶναι, καὶ τὸ ἐπιστητὸν μαθητόν. ἐκ προγινωσκομένων δὲ πᾶσα διδασκαλία, ὥσπερ καὶ ἐν τοῖς ἀναλυτικοῖς λέγομεν· ἣ μὲν γὰρ δι' ἐπαγωγῆς, ἣ δὲ συλλογισμῷ. ἡ μὲν δὴ ἐπαγωγὴ ἀρχή ἐστι καὶ τοῦ καθόλου, ὁ δὲ συλλογισμὸς ἐκ τῶν καθόλου. εἰσὶν ἄρα ἀρχαὶ ἐξ ὧν ὁ συλλογισμός, ὧν οὐκ ἔστι συλλογισμός· ἐπαγωγὴ ἄρα. ἡ μὲν ἄρα ἐπιστήμη ἐστὶν ἕξις ἀποδεικτική, καὶ ὅσα ἄλλα προσδιοριζόμεθα ἐν τοῖς ἀναλυτικοῖς· ὅταν γάρ πως πιστεύῃ καὶ γνώριμοι αὐτῷ ὦσιν αἱ ἀρχαί, ἐπίσταται· εἰ γὰρ μὴ μᾶλλον τοῦ συμπεράσματος, κατὰ συμβεβηκὸς ἕξει τὴν ἐπιστήμην. περὶ μὲν οὖν ἐπιστήμης διωρίσθω τὸν τρόπον τοῦτον.

1140a Τοῦ δ' ἐνδεχομένου ἄλλως ἔχειν ἔστι τι καὶ ποιητὸν
4 καὶ πρακτόν· ἕτερον δ' ἐστὶ ποίησις καὶ πρᾶξις (πιστεύομεν δὲ περὶ αὐτῶν καὶ τοῖς ἐξωτερικοῖς λόγοις)· ὥστε καὶ ἡ μετὰ λόγου ἕξις πρακτικὴ ἕτερόν ἐστι τῆς μετὰ λόγου ποιητικῆς ἕξεως. διὸ οὐδὲ περιέχεται ὑπ' ἀλλήλων· οὔτε γὰρ ἡ πρᾶξις ποίησις οὔτε ἡ ποίησις πρᾶξίς ἐστιν. ἐπεὶ δ' ἡ οἰκοδομικὴ τέχνη τίς ἐστι καὶ ὅπερ ἕξις τις μετὰ λόγου ποιητική, καὶ οὐδεμία οὔτε τέχνη ἐστὶν ἥτις οὐ μετὰ λόγου ποιητικὴ ἕξις ἐστίν, οὔτε τοιαύτη ἣ οὐ τέχνη, ταὐτὸν

Was nun ‚Wissenschaft' sei, ergibt sich, wenn wir die Worte genau nehmen und uns nicht durch bloße Ähnlichkeiten leiten lassen, klar aus folgendem: Wir alle nehmen an, daß das, wovon es Wissenschaft gibt, nicht anders sein kann. Was dagegen anders sein kann, dessen Sein oder Nichtsein ist uns entzogen, sobald es sich unserer unmittelbaren Beobachtung entgeht. Daher kommt dem Gegenstand der Wissenschaft ein ‚mit Notwendigkeit' Sein zu. Also ist er ewig. Denn das schlechthin Notwendige ist ewig, das Ewige aber ist ungeworden und unvergänglich. Ferner kommt hinzu, jede Wissenschaft scheint lehrbar und jeder Gegenstand des Wissens lernbar. Jede Lehre aber knüpft an schon Bekanntes an, wie wir in unserer *Analytik* gezeigt haben[7], und vollzieht sich teils durch die Induktion *[epagogé]*, teils durch das Schlußverfahren *[syllogismós]*. Die Induktion ist der Ausgangspunkt für das Allgemeine, das Schlußverfahren dagegen geht von dem Allgemeinen aus. Mithin gibt es Ausgangspunkte, aus denen Schlüsse abgeleitet werden, von denen sich aber kein Schluß ergibt. Dafür tritt dann die Induktion ein. Daraus folgt, daß Wissenschaftlichkeit eine auf Beweis gestützte Grundhaltung ist mit den Eigenschaften, die wir in der *Analytik* ausgeführt haben[8]. Wo nämlich eine Überzeugung und die Ausgangspunkte bekannt sind, da ist Wissenschaft. Wenn dagegen die Ausgangspunkte nicht besser bekannt sind als der Schlußsatz, dann ist das Wissen nur ein zufälliges. Was Wissenschaft wirklich ist, mag so bestimmt sein.

IV

Was auch anders sein kann, ist entweder Sache des Herstellens *[poíesis]* oder Sache des Verhaltens *[prâxis]*; Herstellen und Verhalten ist aber zweierlei – in bezug darauf stützen wir uns auf die exoterischen Schriften. Demnach ist die denkende Grundhaltung im Sich-Verhalten etwas anderes als die denkende Grundhaltung im Herstellen. So schließt die eine die andere nicht ein: Weder ist das Sich-Verhalten ein Herstellen, noch das Herstellen ein Sich-Verhalten. Da nun etwa die Baukunst eine Sachkundigkeit *[téchne]* und eben eine denkende Grundhaltung im Herstellen ist, da es ferner keine Sachkundigkeit gibt, die nicht eine denkende Grundhaltung im Herstellen wäre, und umgekehrt auch keine solche Grundhaltung, die nicht eine Sachkundigkeit wäre, so muß wohl Sachkundigkeit und die das

7 Vgl. Aristoteles, *Analytica posteriora* I, 71a 1 ff.
8 Vgl. Aristoteles, *Analytica posteriora* I, 71b 21.

ἂν εἴη τέχνη καὶ ἕξις μετὰ λόγου ἀληθοῦς ποιητική. ἔστι δὲ τέχνη πᾶσα περὶ γένεσιν καὶ τὸ τεχνάζειν καὶ θεωρεῖν ὅπως ἂν γένηταί τι τῶν ἐνδεχομένων καὶ εἶναι καὶ μὴ εἶναι, καὶ ὧν ἡ ἀρχὴ ἐν τῷ ποιοῦντι ἀλλὰ μὴ ἐν τῷ ποιουμένῳ· οὔτε γὰρ τῶν ἐξ ἀνάγκης ὄντων ἢ γινομένων ἡ τέχνη ἐστίν, οὔτε τῶν κατὰ φύσιν· ἐν αὑτοῖς γὰρ ἔχουσι ταῦτα τὴν ἀρχήν. ἐπεὶ δὲ ποίησις καὶ πρᾶξις ἕτερον, ἀνάγκη τὴν τέχνην ποιήσεως ἀλλ᾽ οὐ πράξεως εἶναι. καὶ τρόπον τινὰ περὶ τὰ αὐτά ἐστιν ἡ τύχη καὶ ἡ τέχνη, καθάπερ καὶ Ἀγάθων φησὶ "τέχνη τύχην ἔστερξε καὶ τύχη τέχνην." ἡ μὲν οὖν τέχνη, ὥσπερ εἴρηται, ἕξις τις μετὰ λόγου ἀληθοῦς ποιητική ἐστιν, ἡ δ᾽ ἀτεχνία τοὐναντίον μετὰ λόγου ψευδοῦς ποιητικὴ ἕξις, περὶ τὸ ἐνδεχόμενον ἄλλως ἔχειν.

5 Περὶ δὲ φρονήσεως οὕτως ἂν λάβοιμεν, θεωρήσαντες τίνας λέγομεν τοὺς φρονίμους. δοκεῖ δὴ φρονίμου εἶναι τὸ δύνασθαι καλῶς βουλεύσασθαι περὶ τὰ αὑτῷ ἀγαθὰ καὶ συμφέροντα, οὐ κατὰ μέρος, οἷον ποῖα πρὸς ὑγίειαν, πρὸς ἰσχύν, ἀλλὰ ποῖα πρὸς τὸ εὖ ζῆν ὅλως. σημεῖον δ᾽ ὅτι καὶ τοὺς περί τι φρονίμους λέγομεν, ὅταν πρὸς τέλος τι σπουδαῖον εὖ λογίσωνται, ὧν μή ἐστι τέχνη. ὥστε καὶ ὅλως ἂν εἴη φρόνιμος ὁ βουλευτικός. βουλεύεται δ᾽ οὐθεὶς περὶ τῶν ἀδυνάτων ἄλλως ἔχειν, οὐδὲ τῶν μὴ ἐνδεχομένων αὐτῷ πρᾶξαι. ὥστ᾽ εἴπερ ἐπιστήμη μὲν μετ᾽ ἀποδείξεως, ὧν δ᾽ αἱ ἀρχαὶ ἐνδέχονται ἄλλως ἔχειν, τούτων μή ἐστιν ἀπόδειξις (πάντα γὰρ ἐνδέχεται καὶ ἄλλως ἔχειν), καὶ οὐκ

Wahre denkende Grundhaltung im Herstellen ein- und dasselbe sein. Sachkundigkeit bemüht sich um das Sein, das anders werden kann, und als solche ist sie die Ausübung und Überlegung, wie etwas entstehe, was ebensowohl sein als nicht sein kann; sein Seinsgrund liegt also in dem Herstellenden, nicht in dem Hergestellten. Denn die Sachkundigkeit hat es weder mit solchem zu tun, was aus Notwendigkeit ist oder entsteht, noch mit dem, was von Natur da ist oder entsteht. Denn diese beiden Arten des Seins haben vielmehr ihren Grund in sich selbst. Da nun Herstellen und Verhalten zweierlei ist, so muß die Sachkundigkeit in den Bereich des Herstellens, nicht in den des Verhaltens gehören. In gewissem Sinn bewegen sich Sachkundigkeit und Zufall um dasselbe, wie auch Agathon sagt[9]:

Sachkundigkeit liebt den Zufall, der Zufall liebt die Sachkundigkeit.

Die Sachkundigkeit ist also, wie gesagt[10], eine Wahres denkende Grundhaltung im Herstellen. Der Mangel an Sachkundigkeit ist dagegen eine Falsches meinende Grundhaltung im Herstellen. Beide haben es mit Sachen zu tun, die auch anders sein können.

V

Was ferner die Vernünftigkeit *[phrónesis]* sei, können wir daraus lernen, daß wir uns fragen, welche Menschen wir „vernünftig" *[phrónimos]* nennen. Nun scheint es dem Vernünftigen eigentümlich zu sein, daß er wohl überlegen kann, was für ihn gut und nützlich ist, und zwar nicht nur in besonderer Hinsicht, etwa was seiner Gesundheit oder Stärke zuträglich ist, sondern in allgemeinerer Hinsicht, was nämlich im ganzen Leben gut und glücklich macht. Ein Zeichen dafür ist, daß wir jemanden in etwas „vernünftig" nennen, wenn er in einer Sache einen guten Zweck zu erreichen weiß, in der einem keine Sachkundigkeit hilft. Im Allgemeinen wird also vernünftig sein, wer selber Rat finden kann.

Wer so Rat sucht, hat es weder mit dem zu tun, was nicht anders sein kann, noch mit dem, was der Rat-Suchende nicht selbst ins Werk zu setzen vermag. Wenn also Wissenschaft auf Beweisen beruhen muß, Beweisen aber auf dem Bereich ist, wo die Ausgangspunkte und Prinzipien veränderlich sind – denn darin kann alles auch anders sein –, da man endlich

[9] Agathon, Frg. 6 Dindorf.
[10] Vgl. VI, 1140a 10.

1140b ἔστι βουλεύσασθαι περὶ τῶν ἐξ ἀνάγκης ὄντων, οὐκ ἂν εἴη ἡ φρόνησις ἐπιστήμη οὐδὲ τέχνη, ἐπιστήμη μὲν ὅτι ἐνδέχεται τὸ πρακτὸν ἄλλως ἔχειν, τέχνη δ᾽ ὅτι ἄλλο τὸ γένος πράξεως καὶ ποιήσεως. λείπεται ἄρα αὐτὴν εἶναι ἕξιν ἀληθῆ μετὰ λόγου πρακτικὴν περὶ τὰ ἀνθρώπῳ ἀγαθὰ καὶ κακά. τῆς μὲν γὰρ ποιήσεως ἕτερον τὸ τέλος, τῆς δὲ πράξεως οὐκ ἂν εἴη· ἔστι γὰρ αὐτὴ ἡ εὐπραξία τέλος. διὰ τοῦτο Περικλέα καὶ τοὺς τοιούτους φρονίμους οἰόμεθα εἶναι, ὅτι τὰ αὑτοῖς ἀγαθὰ καὶ τὰ τοῖς ἀνθρώποις δύνανται θεωρεῖν· εἶναι δὲ τοιούτους ἡγούμεθα τοὺς οἰκονομικοὺς καὶ τοὺς πολιτικούς. ἔνθεν καὶ τὴν σωφροσύνην τούτῳ προσαγορεύομεν τῷ ὀνόματι, ὡς σῴζουσαν τὴν φρόνησιν. σῴζει δὲ τὴν τοιαύτην ὑπόληψιν. οὐ γὰρ ἅπασαν ὑπόληψιν διαφθείρει οὐδὲ διαστρέφει τὸ ἡδὺ καὶ λυπηρόν, οἷον ὅτι τὸ τρίγωνον δύο ὀρθὰς ἔχει ἢ οὐκ ἔχει, ἀλλὰ τὰς περὶ τὸ πρακτόν. αἱ μὲν γὰρ ἀρχαὶ τῶν πρακτῶν τὸ οὗ ἕνεκα τὰ πρακτά· τῷ δὲ διεφθαρμένῳ δι᾽ ἡδονὴν ἢ λύπην εὐθὺς οὐ φαίνεται ἀρχή, οὐδὲ δεῖν τούτου ἕνεκεν οὐδὲ διὰ τοῦθ᾽ αἱρεῖσθαι πάντα καὶ πράττειν· ἔστι γὰρ ἡ κακία φθαρτικὴ ἀρχῆς. ὥστ᾽ ἀνάγκη τὴν φρόνησιν ἕξιν εἶναι μετὰ λόγου ἀληθῆ περὶ τὰ ἀνθρώπινα ἀγαθὰ πρακτικήν. ἀλλὰ μὴν τέχνης μὲν ἔστιν ἀρετή, φρονήσεως δ᾽ οὐκ ἔστιν· καὶ ἐν μὲν τέχνῃ ὁ ἑκὼν ἁμαρτάνων αἱρετώτερος, περὶ δὲ φρόνησιν ἧττον, ὥσπερ καὶ περὶ τὰς ἀρετάς. δῆλον οὖν ὅτι ἀρετή τις ἐστὶ καὶ οὐ τέχνη. δυοῖν δ᾽ ὄντοιν μεροῖν τῆς ψυχῆς τῶν λόγον ἐχόντων, θατέρου ἂν εἴη ἀρετή, τοῦ δοξαστικοῦ· ἥ τε γὰρ δόξα περὶ τὸ ἐνδεχόμενον ἄλλως ἔχειν καὶ ἡ φρόνησις. ἀλλὰ μὴν οὐδ᾽ ἕξις μετὰ λόγου μόνον· σημεῖον

auch nicht mit sich zu Rate gehen kann, wo es sich um Notwendiges handelt, so folgt daraus, daß Vernünftigkeit weder Wissenschaftlichkeit noch Sachkundigkeit sein kann: Wissenschaftlichkeit nicht, weil das, womit man es zu tun hat, immer auch anders sein kann, Sachkundigkeit nicht, weil Sich-Verhalten und Herstellen etwas ganz Verschiedenes ist.

So bleibt nur übrig, daß die Vernünftigkeit eine wahrhaft wissende Grundhaltung im Verhalten ist, die sich auf Güter und Übel für den Menschen bezieht. Das sachkundige Herstellen vollendet sich in seinem Werk; dagegen vollendet sich das Verhalten immer in sich selbst, im Sich-Recht-Verhalten selber. Deshalb meinen wir, Perikles und seinesgleichen seien vernünftig, weil sie einen richtigen Blick für das haben, was für sie und andere gut ist, und schreiben wir diese Tugend der Vernünftigkeit den Ökonomen und Politikern zu[11].

Daher liegt schon in dem Ausdruck *Sophrosýne,* daß das Vernünftige *Phrónesis* bewahrt[12], weil sie das Vernünftige an ihrem Urteil festhält[13]. Nicht jedes Urteil läßt sich ja durch das, was einem Lust und Unlust bereitet, verderben und verdrehen, etwa nicht das Urteil darüber, ob die Winkelsumme im Dreieck zweien Rechten gleich sei oder nicht, sondern nur die Urteile über das Verhalten. Die Ausgangspunkte des Verhaltens liegen ja in dem, was man damit will. Wer aber von Lust und Unlust bestochen ist, der verliert sogleich den Ausgangspunkt aus den Augen und sieht überhaupt nicht mehr, weswegen er sich so entschieden und was er zu tun hat. Denn die Schlechtigkeit hebt den Ausgangspunkt auf. Daraus folgt zwingend, daß Vernünftigkeit die wahrhaft denkende Grundhaltung in allem Verhalten bei dem ist, wo es um das für den Menschen Gute geht.

In der Sachkundigkeit gibt es ferner Bestheit oder Vollkommenheit[14], in der Vernünftigkeit aber nicht. So sind in der Sachkundigkeit freiwillig gemachte Fehler besser als die unfreiwillig gemachten; in der Vernünftigkeit dagegen, wie auch in den sittlichen Tugenden, ist es das Schlimmere. Und so ist klar, daß Vernünftigkeit Tugend ist und nicht bloße Sachkundigkeit. Von den beiden vernünftigen Teilen der Seele gehört Vernünftigkeit in den Bereich der Meinungen und selber ist sie Tugend und Vollkommenheit: Wie das Meinen hat es zwar die Vernünftigkeit mit dem zu tun, was auch anders sein kann. Vernünftigkeit ist aber mehr als bloß eine denkende Hal-

11 Im Unterschied zu Platon Verurteilung in *Menon* und *Gorgias* wird hier Perikles als Vertreter der praktischen Vernünftigkeit, d.h. der Phronesis gewürdigt.

12 Die falsche Etymologie von dem Namen *sophrosýne* stammt aus Platons *Kratylos* 411e 4.

13 Vgl. VI, 1140a 12 f.

14 Vgl. VI, 1140a 12.

δ' ὅτι λήθη μὲν τῆς τοιαύτης ἕξεως ἔστι, φρονήσεως δ' οὐκ ἔστιν.

6 Ἐπεὶ δ' ἡ ἐπιστήμη περὶ τῶν καθόλου ἐστὶν ὑπόληψις καὶ τῶν ἐξ ἀνάγκης ὄντων, εἰσὶ δ' ἀρχαὶ τῶν ἀποδεικτῶν καὶ πάσης ἐπιστήμης (μετὰ λόγου γὰρ ἡ ἐπιστήμη), τῆς ἀρχῆς τοῦ ἐπιστητοῦ οὔτ' ἂν ἐπιστήμη εἴη οὔτε τέχνη οὔτε φρόνησις· τὸ μὲν γὰρ ἐπιστητὸν ἀποδεικτόν, αἱ δὲ τυγχά-
1141a νουσιν οὖσαι περὶ τὰ ἐνδεχόμενα ἄλλως ἔχειν. οὐδὲ δὴ σοφία τούτων ἐστίν· τοῦ γὰρ σοφοῦ περὶ ἐνίων ἔχειν ἀπόδειξίν ἐστιν. εἰ δὴ οἷς ἀληθεύομεν καὶ μηδέποτε διαψευδόμεθα περὶ τὰ μὴ ἐνδεχόμενα ἢ καὶ ἐνδεχόμενα ἄλλως ἔχειν, ἐπιστήμη καὶ φρόνησίς ἐστι καὶ σοφία καὶ νοῦς, τούτων δὲ τῶν τριῶν μηδὲν ἐνδέχεται εἶναι (λέγω δὲ τρία φρόνησιν ἐπιστήμην σοφίαν), λείπεται νοῦν εἶναι τῶν ἀρχῶν.

7 Τὴν δὲ σοφίαν ἔν τε ταῖς τέχναις τοῖς ἀκριβεστάτοις τὰς τέχνας ἀποδίδομεν, οἷον Φειδίαν λιθουργὸν σοφὸν καὶ Πολύκλειτον ἀνδριαντοποιόν, ἐνταῦθα μὲν οὖν οὐθὲν ἄλλο σημαίνοντες τὴν σοφίαν ἢ ὅτι ἀρετὴ τέχνης ἐστίν· εἶναι δέ τινας σοφοὺς οἰόμεθα ὅλως οὐ κατὰ μέρος οὐδ' ἄλλο τι σοφούς, ὥσπερ Ὅμηρός φησιν ἐν τῷ Μαργίτῃ

tung wie die Sachkundigkeit. Das zeigt sich daran, daß man eine solche Haltung der Sachkundigkeit vergessen kann, die Vernünftigkeit aber nicht.

VI

Da Wissenschaft Aneignung *[hypólepsis]* des Allgemeinen und des mit Notwendigkeit Seienden ist, und da es Ausgangspunkte für alles Beweisen und für alle Wissenschaft gibt – und die Wissenschaft Denken verlangt –, so kann der Ausgangspunkt der Wissenschaft nicht selbst wieder Gegenstand der Wissenschaft sein, und auch nicht der Sachkundigkeit oder Vernünftigkeit: jenes nicht, weil die Wissenschaft es nur mit dem Beweisbaren zu tun hat, dieses nicht, weil Sachkundigkeit und Vernünftigkeit mit solchem zu tun haben, was auch anders sein kann. Allgemeiner Gegenstand der Weisheit können die Ausgangspunkte aber auch nicht sein. Denn für den Weisen gilt, für manches mitunter Beweise zu haben. Wenn es nun vielerlei ist, wodurch wir das Wahre treffen ohne je in Irrtum zu geraten, sei es im Bereich dessen, was nicht anders, oder auch dessen, was auch anders sein kann, nämlich Wissenschaftlichkeit, Vernünftigkeit, Weisheit und Vernunft, und wenn von den dreien – ich meine Vernünftigkeit, Wissenschaftlichkeit und Weisheit – keine auf die Ausgangspunkte oder Prinzipien selber geht, so bleibt nur übrig, daß es die Vernunft ist, die auf die Ausgangspunkte oder Prinzipien geht.

VII

Von Weisheit sprechen wir allerdings auch in den Künsten bei denjenigen, die sie zur höchsten Vollendung bringen. So nennen wir etwa Phidias[15] einen weisen Meister im Stein, Polykletos[16] einen weisen Meister im Erz, und wollen dabei unter Weisheit nur ihre vollendete Sachkundigkeit verstehen. Andererseits aber nennen wir auch gewisse Menschen überhaupt „weise", nicht bloß in einem Gebiet oder in einer besonderen Beziehung. So sagt Homer im *Margites*[17]:

[15] Der berühmte Bildhauer der perikleischen Zeit.

[16] Zeitgenosse des Phidias, Autor des Doryphóros, war Polykletos vor allem für seine Bronzestatuen bekannt.

[17] Das fast gänzlich verlorgengegangene Spottgedicht Margites (aus dem 7. oder 6. Jhdt.) wurde allgemein Homer zugeschrieben. Vgl. Aristoteles, *Poetik* 4, 1478b 34 ff.

τὸν δ' οὔτ' ἂρ σκαπτῆρα θεοὶ θέσαν οὔτ' ἀροτῆρα
οὔτ' ἄλλως τι σοφόν.

ὥστε δῆλον ὅτι ἀκριβεστάτη ἂν τῶν ἐπιστημῶν εἴη ἡ σοφία. δεῖ ἄρα τὸν σοφὸν μὴ μόνον τὰ ἐκ τῶν ἀρχῶν εἰδέναι, ἀλλὰ καὶ περὶ τὰς ἀρχὰς ἀληθεύειν. ὥστ' εἴη ἂν ἡ σοφία νοῦς καὶ ἐπιστήμη, ὥσπερ κεφαλὴν ἔχουσα ἐπιστήμη τῶν τιμιωτάτων. ἄτοπον γὰρ εἴ τις τὴν πολιτικὴν ἢ τὴν φρόνησιν σπουδαιοτάτην οἴεται εἶναι, εἰ μὴ τὸ ἄριστον τῶν ἐν τῷ κόσμῳ ἄνθρωπός ἐστιν. εἰ δὴ ὑγιεινὸν μὲν καὶ ἀγαθὸν ἕτερον ἀνθρώποις καὶ ἰχθύσι, τὸ δὲ λευκὸν καὶ εὐθὺ ταὐτὸν ἀεί, καὶ τὸ σοφὸν ταὐτὸ πάντες ἂν εἴποιεν, φρόνιμον δὲ ἕτερον· τὰ γὰρ περὶ αὑτὸ ἕκαστα τὸ εὖ θεωροῦν φησὶν εἶναι φρόνιμον, καὶ τούτῳ ἐπιτρέψει αὐτά. διὸ καὶ τῶν θηρίων ἔνια φρόνιμά φασιν εἶναι, ὅσα περὶ τὸν αὑτῶν βίον ἔχοντα φαίνεται δύναμιν προνοητικήν. φανερὸν δὲ καὶ ὅτι οὐκ ἂν εἴη ἡ σοφία καὶ ἡ πολιτικὴ ἡ αὐτή· εἰ γὰρ τὴν περὶ τὰ ὠφέλιμα τὰ αὑτοῖς ἐροῦσι σοφίαν, πολλαὶ ἔσονται σοφίαι· οὐ γὰρ μία περὶ τὸ ἁπάντων ἀγαθὸν τῶν ζῴων, ἀλλ' ἑτέρα περὶ ἕκαστον, εἰ μὴ καὶ ἰατρικὴ μία περὶ πάντων τῶν ὄντων. εἰ δ' ὅτι βέλτιστον ἄνθρωπος τῶν ἄλλων ζῴων, οὐδὲν διαφέρει· καὶ γὰρ ἀνθρώπου ἄλλα πολὺ
1141b θειότερα τὴν φύσιν, οἷον φανερώτατά γε ἐξ ὧν ὁ κόσμος συνέστηκεν. ἐκ δὴ τῶν εἰρημένων δῆλον ὅτι ἡ σοφία ἐστὶ καὶ ἐπιστήμη καὶ νοῦς τῶν τιμιωτάτων τῇ φύσει. διὸ Ἀναξαγόραν καὶ Θαλῆν καὶ τοὺς τοιούτους σοφοὺς μὲν φρονίμους δ' οὔ φασιν εἶναι, ὅταν ἴδωσιν ἀγνοοῦντας τὰ συμφέροντα ἑαυτοῖς, καὶ περιττὰ μὲν καὶ θαυμαστὰ καὶ χαλεπὰ καὶ δαιμόνια εἰδέναι αὐτούς φασιν, ἄχρηστα δ', ὅτι

Ihn hatten die Götter nicht zum Ackerer, auch nicht zum Pflüger,
Noch auch sonst weise gemacht.

Somit ist offenbar, daß Weisheit die Vollkommenste in allen Wissenschaften sein muß. Der Weise wird also nicht bloß mit dem aus den Ausgangspunkten, aus den Prinzipien Abgeleiteten Bescheid wissen, sondern auch mit den Ausgangspunkten, den Prinzipien selber. Weisheit ist also beides, Vernunft und Wissen, und stellt gleichsam die höchste Spitze der obersten Wissensgebiete dar.

Es wäre ja ungereimt, die Staatskunst oder irgendeine Vernünftigkeit für die höchste Vollendung von Wissen zu halten – es sei denn, der Mensch wäre das Höchste in der Welt. Wo nun aber „gesund“ und „gut“ für die Menschen und für die Fische etwas ganz Verschiedenes meint, dagegen „weiß“ und „gerade“ immer dasselbe sind, so wird doch wohl auch die Weisheit für alle dasselbe sein müssen; die Vernünftigkeit dagegen wird je nach Umständen Verschiedenes meinen. Denn wer in Sachen, die ihn selber angehen, rechte Übersicht besitzt, den wird man eben „vernünftig“ nennen, und ihm solche Sachen anvertrauen. So nennt man auch Tiere „vernünftig“, wenn sie in der eigenen Lebensweise Voraussicht an den Tag legen. Offenkundig ist es auch, daß Weisheit und Staatskunst nicht ein- und dasselbe sind. Würde man nämlich alles Wissen, was einem selbst nützlich ist, Weisheit nennen, so ergäben sich gar viele Weisheiten. Es gibt eben nicht eine Einheits-Wissenschaft[18], die für alle Lebewesen gut ist; vielmehr ist es für jede Gattung eine andere, denn sonst müßte es auch für alle ein- und dieselbe Heilkunde geben. Der Einwand aber, daß der Mensch eben das vornehmste Lebewesen sei, bedeutet gar nichts. Es gibt ja außer den Menschen noch Wesen, die von weit göttlicherer Natur sind, was am augenscheinlichsten für den Sternenhimmel gilt.

Aus dem Gesagten geht klar hervor, daß Weisheit sowohl Wissen wie Verstehen von alledem ist, was seiner Natur nach das Allerwürdigste ist. Daher nennt man auch Menschen wie Anaxagoras[19] und Thales „weise“[20], aber gewiß nicht „vernünftig“, weil man sie gegen ihren eigenen Nutzen gleichgültig sieht, und meint, was sie wissen, sei zwar außerordentlich, wunderbar, schwierig und übermenschlich, aber nicht von Nutzen, weil sie nicht das suchen, was „Gut für den Menschen“ ist.

18 Vgl. I, 1096a 29-34.

19 Vgl. Frg. 59 A 30 Diels-Kranz.

20 Wie Perikles als Vertreter der Phronesis, so sind hier Thales von Milet (7./6. Jhdt. v. Chr.) und Anaxagoras von Klazomenai (5. Jhdt. v. Chr.) als unbestrittene Vertreter der Sophia genannt.

οὐ τὰ ἀνθρώπινα ἀγαθὰ ζητοῦσιν. Ἡ δὲ φρόνησις περὶ τὰ ἀνθρώπινα καὶ περὶ ὧν ἔστι βουλεύσασθαι· τοῦ γὰρ φρονίμου μάλιστα τοῦτ' ἔργον εἶναί φαμεν, τὸ εὖ βουλεύεσθαι, βουλεύεται δ' οὐδεὶς περὶ τῶν ἀδυνάτων ἄλλως ἔχειν, οὐδ' ὅσων μὴ τέλος τι ἔστι, καὶ τοῦτο πρακτὸν ἀγαθόν. ὁ δ' ἁπλῶς εὔβουλος ὁ τοῦ ἀρίστου ἀνθρώπῳ τῶν πρακτῶν στοχαστικὸς κατὰ τὸν λογισμόν. οὐδ' ἐστὶν ἡ φρόνησις τῶν καθόλου μόνον, ἀλλὰ δεῖ καὶ τὰ καθ' ἕκαστα γνωρίζειν· πρακτικὴ γάρ, ἡ δὲ πρᾶξις περὶ τὰ καθ' ἕκαστα. διὸ καὶ ἔνιοι οὐκ εἰδότες ἑτέρων εἰδότων πρακτικώτεροι, καὶ ἐν τοῖς ἄλλοις οἱ ἔμπειροι· εἰ γὰρ εἰδείη ὅτι τὰ κοῦφα εὔπεπτα κρέα καὶ ὑγιεινά, ποῖα δὲ κοῦφα ἀγνοοῖ, οὐ ποιήσει ὑγίειαν, ἀλλ' ὁ εἰδὼς ὅτι τὰ ὀρνίθεια [κοῦφα καὶ] ὑγιεινὰ ποιήσει μᾶλλον. ἡ δὲ φρόνησις πρακτική· ὥστε δεῖ ἄμφω ἔχειν, ἢ ταύτην μᾶλλον. εἴη δ' ἄν τις καὶ ἐνταῦθα ἀρχιτεκτονική. Ἔστι δὲ καὶ ἡ πολιτικὴ καὶ ἡ φρόνησις ἡ αὐτὴ μὲν ἕξις, τὸ μέντοι εἶναι οὐ ταὐτὸν αὐταῖς. τῆς δὲ περὶ πόλιν ἡ μὲν ὡς ἀρχιτεκτονικὴ φρόνησις νομοθετική, ἡ δὲ ὡς τὰ καθ' ἕκαστα τὸ κοινὸν ἔχει ὄνομα, πολιτική· αὕτη δὲ πρακτικὴ καὶ βουλευτική· τὸ γὰρ ψήφισμα πρακτὸν ὡς τὸ ἔσχατον. διὸ πολιτεύεσθαι τούτους μόνον λέγουσιν· μόνοι γὰρ πράττουσιν οὗτοι ὥσπερ οἱ χειροτέχναι. δοκεῖ δὲ καὶ φρόνησις μάλιστ' εἶναι ἡ περὶ αὐτὸν καὶ ἕνα· καὶ ἔχει αὕτη τὸ κοινὸν ὄνομα, φρόνησις· ἐκείνων δὲ ἡ μὲν οἰκονομία ἡ δὲ νομοθεσία ἡ δὲ πολιτική, καὶ ταύτης ἡ

VIII

Die Vernünftigkeit aber hat es mit den Menschen zu tun und mit solchen, in welchen es ein Sich-Beraten gibt. Dem vernünftigen Menschen legen wir ja als Hauptgeschäft das richtige Sich-Beraten bei. Niemand aber überlegt und beratschlagt über das, was unmöglich anders sein kann, und ebensowenig über das, was zwecklos ist, oder genauer, was nicht ein dem Menschen erreichbares Gut bezweckt. Richtiges Sich-Beraten schlechthin schreibt man dem zu, der durch Nachdenken das größte dem Menschen erreichbare Gut zu treffen weiß.

Ferner bezieht sich die Vernünftigkeit nicht bloß auf das Allgemeine, sondern auch auf die Kenntnis im Einzelnen. Denn sie gehört ja zum Verhalten, und das Sich-Verhalten hat es mit dem Einzelnen zu tun. Daher gibt es auch Leute, die ohne besonderes Wissen in ihrem Verhalten geschickter sind als andere mit all ihrem Wissen; auf anderen Gebieten nennt man sie erfahren. Wenn jemand etwa wüßte, daß leichtes Fleisch leicht verdaulich und gesund ist, wenn er aber nicht weiß, welche Tiere leichtes Fleisch haben, so wird er sein Ziel – die Gesundheit – seltener erreichen als wer bloß so viel weiß, daß Geflügelfleisch leicht und gesund ist. Die Vernünftigkeit dient der Praxis. Man muß also beides haben, Kenntnis des Allgemeinen und des Besonderen, oder, wenn nur eines, lieber das letztere[21]. Denn es ist vernünftig, sich wie ein Architekt zu verhalten.

Staatskunst und Vernünftigkeit sind als Grundhaltung ein- und dasselbe, nur in Wirklichkeit sind sie verschieden. Die auf den Staat gerichtete oder ›architektonische‹ Vernünftigkeit befaßt sich mehr mit dem Allgemeineren, und das ist die Gesetzgebungskunst. Diejenige, die sich mit dem Einzelnen befaßt, hat den gemeinsamen Namen „Staatskunst", und sie ist praktische und sich beratende Vernünftigkeit. Die Stimmabgabe geht ja auf das Einzelne als das Letzte. Daher bezeichnet man nur diejenigen als politisch tätig, die es hiermit zu tun haben. Wie bei einem Bau die Handwerker, so erscheinen nur sie im Staatsleben als tätig. Vernünftigkeit ist vor allem, wenn es sich um einen selbst handelt. „Vernünftigkeit" hat aber auch eine allgemeinere Bedeutung. Dazu gehört sowohl die Ökonomie oder Haushaltungskunst wie die Gesetzgebungskunst und als dritte die politische Tätigkeit, die sich wieder in die beratende und die richterliche Seite gliedert.

μὲν βουλευτικὴ ἡ δὲ δικαστική. Εἶδος μὲν οὖν τι ἂν εἴη γνώσεως τὸ αὑτῷ εἰδέναι· ἀλλ' ἔχει διαφορὰν πολλήν· καὶ δοκεῖ ὁ τὰ περὶ αὑτὸν εἰδὼς καὶ διατρίβων φρόνιμος 1142a εἶναι, οἱ δὲ πολιτικοὶ πολυπράγμονες· διὸ Εὐριπίδης

πῶς δ' ἂν φρονοίην, ᾧ παρῆν ἀπραγμόνως
ἐν τοῖσι πολλοῖς ἠριθμημένον στρατοῦ
ἴσον μετασχεῖν;
τοὺς γὰρ περισσοὺς καί τι πράσσοντας πλέον . . .

ζητοῦσι γὰρ τὸ αὑτοῖς ἀγαθόν, καὶ οἴονται τοῦτο δεῖν πράττειν. ἐκ ταύτης οὖν τῆς δόξης ἐλήλυθε τὸ τούτους φρονίμους εἶναι· καίτοι ἴσως οὐκ ἔστι τὸ αὑτοῦ εὖ ἄνευ οἰκονομίας οὐδ' ἄνευ πολιτείας. ἔτι δὲ τὰ αὑτοῦ πῶς δεῖ διοικεῖν, ἄδηλον καὶ σκεπτέον. σημεῖον δ' ἐστὶ τοῦ εἰρημένου καὶ διότι γεωμετρικοὶ μὲν νέοι καὶ μαθηματικοὶ γίνονται καὶ σοφοὶ τὰ τοιαῦτα, φρόνιμος δ' οὐ δοκεῖ γίνεσθαι. αἴτιον δ' ὅτι καὶ τῶν καθ' ἕκαστά ἐστιν ἡ φρόνησις, ἃ γίνεται γνώριμα ἐξ ἐμπειρίας, νέος δ' ἔμπειρος οὐκ ἔστιν· πλῆθος γὰρ χρόνου ποιεῖ τὴν ἐμπειρίαν· ἐπεὶ καὶ τοῦτ' ἄν τις σκέψαιτο, διὰ τί δὴ μαθηματικὸς μὲν παῖς γένοιτ' ἄν, σοφὸς δ' ἢ φυσικὸς οὔ. ἢ ὅτι τὰ μὲν δι' ἀφαιρέσεώς ἐστιν, τῶν δ' αἱ ἀρχαὶ ἐξ ἐμπειρίας· καὶ τὰ μὲν οὐ πιστεύουσιν οἱ νέοι ἀλλὰ λέγουσιν, τῶν δὲ τὸ τί ἐστιν οὐκ ἄδηλον; ἔτι ἡ ἁμαρτία ἢ περὶ τὸ καθόλου ἐν τῷ βουλεύσασθαι ἢ περὶ τὸ καθ' ἕκαστον· ἢ γὰρ ὅτι πάντα τὰ βαρύσταθμα ὕδατα φαῦλα, ἢ ὅτι τοδὶ βαρύσταθμον. ὅτι δ' ἡ φρόνησις οὐκ ἐπιστήμη, φανερόν· τοῦ γὰρ ἐσχάτου ἐστίν, ὥσπερ εἴρηται·

IX

Es ist aber in allen diesen Fällen von Vernünftigkeit die gleiche Art von Wissen. Die Meinungen darüber sind freilich sehr geteilt. Viele meinen nämlich, nur der sei vernünftig, der vor allem an sich selbst denkt und sich um sich bemüht. Die politisch Tätigen dagegen seien in Wahrheit nicht vernünftig, sondern machen sich nur viel zu schaffen. So sagt Euripides[22]:

Wie wäre ich vernünftig, der ohne Not und Plackerei
Als einer zählend im großen Heereshaufen
Das gleiche Teil haben kann?
Denn wer an mehr sich wagt Fürwis, als seines Amtes ist.

Man sucht nämlich für gewöhnlich, was für einen selbst gut ist, und meint, darauf sein Verhalten richten zu sollen. Und aus dieser Meinung stammt die Überzeugung, nur diese Leute seien vernünftig. Indessen kann es vielleicht ein eigenes Bestes für niemanden ohne Haushaltungskunst und Staatskunst geben. Auch ist, wie man denn seine Angelegenheiten besorgen müsse, überhaupt noch nicht klar und wäre besonders zu untersuchen.

Dafür spricht auch, in jungen Jahren kann einer ein Geometer und Mathematiker und insofern ein Weiser werden. Doch schwerlich kann man vernünftig werden. Dies kommt daher, daß die Vernünftigkeit sich auf das Einzelne bezieht, das man nur durch Erfahrung kennenlernt, wie sie eben dem jungen Mann fehlt, da sie erst eine Frucht langer Jahre ist. Und man könnte sich auch fragen, warum ein Knabe Mathematiker werden kann, aber nicht ein Weiser oder ein Naturforscher. Doch wohl nur darum, weil der Gegenstand der Mathematik etwas Abstraktes ist, wogegen die Ausgangspunkte der Weisheit und der Naturkunde nur aus Erfahrung gewonnen werden können. Hier bringt es die Jugend nur zu Behauptungen ohne innere Überzeugung, dort bleibt das Wesen des Gegenstandes unklar.

Dazu kommt, wenn beim Überlegen ein Fehler gemacht wird, so geschieht dies entweder im Hinblick auf das Allgemeine oder im Hinblick auf das Besondere. Man weiß z.B. entweder nicht, daß alles schwere Wasser ungenießbar ist, oder daß dieses bestimmte Wasser schwer ist.

Daß Vernünftigkeit keine Wissenschaft sein kann, ist jedenfalls offenkundig. Sie befaßt sich ja, wie gesagt[23], mit dem Letzten, mit dem schlecht-

[21] Vgl. III, 1112b 19.

[22] Worte des Odysseus im Prolog des verlorengegangenen *Philoktetes* des Euripides, Frg. 787 und 788.

[23] Vgl. VI, 1141b 26.

τὸ γὰρ πρακτὸν τοιοῦτον. ἀντίκειται μὲν δὴ τῷ νῷ· ὁ μὲν γὰρ νοῦς τῶν ὅρων, ὧν οὐκ ἔστι λόγος, ἡ δὲ τοῦ ἐσχάτου, οὗ οὐκ ἔστιν ἐπιστήμη ἀλλ' αἴσθησις, οὐχ ἡ τῶν ἰδίων, ἀλλ' οἵᾳ αἰσθανόμεθα ὅτι τὸ [ἐν τοῖς μαθηματικοῖς] ἔσχατον τρίγωνον· στήσεται γὰρ κἀκεῖ. ἀλλ' αὕτη μᾶλλον αἴσθησις ἢ φρόνησις, ἐκείνης δ' ἄλλο εἶδος.

10 Τὸ ζητεῖν δὲ καὶ τὸ βουλεύεσθαι διαφέρει· τὸ γὰρ βουλεύεσθαι ζητεῖν τι ἐστίν. δεῖ δὲ λαβεῖν καὶ περὶ εὐβουλίας τί ἐστι, πότερον ἐπιστήμη τις ἢ δόξα ἢ εὐστοχία ἢ ἄλλο τι γένος. ἐπιστήμη μὲν δὴ οὐκ ἔστιν· οὐ γὰρ ζητοῦσι
1142 περὶ ὧν ἴσασιν, ἡ δ' εὐβουλία βουλή τις, ὁ δὲ βουλευόμενος ζητεῖ καὶ λογίζεται. ἀλλὰ μὴν οὐδ' εὐστοχία· ἄνευ τε γὰρ λόγου καὶ ταχύ τι ἡ εὐστοχία, βουλεύονται δὲ πολὺν χρόνον, καὶ φασὶ πράττειν μὲν δεῖν ταχὺ τὰ βουλευθέντα, βουλεύεσθαι δὲ βραδέως. ἔτι ἡ ἀγχίνοια ἕτερον καὶ ἡ εὐβουλία· ἔστι δ' εὐστοχία τις ἡ ἀγχίνοια. οὐδὲ δὴ δόξα ἡ εὐβουλία οὐδεμία. ἀλλ' ἐπεὶ ὁ μὲν κακῶς βουλευόμενος ἁμαρτάνει, ὁ δ' εὖ ὀρθῶς βουλεύεται, δῆλον ὅτι ὀρθότης τις ἡ εὐβουλία ἐστίν, οὔτ' ἐπιστήμης δὲ οὔτε δόξης· ἐπιστήμης μὲν γὰρ οὐκ ἔστιν ὀρθότης (οὐδὲ γὰρ ἁμαρτία), δόξης δ' ὀρθότης ἀλήθεια· ἅμα δὲ καὶ ὥρισται ἤδη πᾶν οὗ δόξα ἐστίν. ἀλλὰ μὴν οὐδ' ἄνευ λόγου ἡ εὐβουλία. διανοίας ἄρα λείπεται· αὕτη γὰρ οὔπω φάσις· καὶ γὰρ ἡ δόξα οὐ ζήτησις ἀλλὰ φάσις τις ἤδη, ὁ δὲ βουλευόμενος, ἐάν τε εὖ ἐάν τε καὶ κακῶς βουλεύηται, ζητεῖ τι καὶ λογίζεται. ἀλλ' ὀρθότης τίς ἐστιν ἡ εὐβουλία βουλῆς· διὸ ἡ βουλὴ ζητητέα πρῶτον τί καὶ περὶ τί. ἐπεὶ δ' ἡ ὀρθότης πλεοναχῶς,

hin Einzelnen, und das ist eben nur aus der Praxis zu erreichen. So ist es auch im Gegensatz zur Evidenz. Denn die Vernunft geht auf Grenzfragen, zu denen kein Denken, kein Logos hinreicht. Es hat eben die Vernünftigkeit mit dem Letzten, mit dem schlechthin Einzelnen zu tun, von dem es keine Wissenschaft gibt, sondern nur noch Wahrnehmung, nicht jene, die die sinnlich wahrnehmbaren Objekte erfaßt, sondern die Evidenz, daß das Dreieck in der Mathematik das letzt Erreichbare ist. Beim Dreieck muß man mit dem Teilen halt machen. Dies ist jedoch eher evidenter Sinn als Vernünftigkeit und gehört einer anderen Anwendung an.

X

Vom Suchen ist das Überlegen oder Mit-Sich-Beraten verschieden. Wir müssen nun auch feststellen, was das Wohlüberlegtsein ist; es fragt sich nämlich, ob es Wissendsein oder Meinen ist, oder ein glückliches Erraten, oder auch zu einer anderen Gattung gehört.

Nun, Wissenschaft kann es nicht sein. Denn was man weiß, danach sucht man nicht. Das Wohlüberlegtsein *[euboulía]* ist eine Art Überlegen *[boulé]*, und wer überlegt, sucht etwas und zieht seine Schlüsse. Aber auch ein glückliches Erraten ist es nicht. Denn dieses ist kein Nachdenken, sondern die rasche Eingebung des Augenblicks, während das Überlegen Zeit kostet. Es ist ja ein bekanntes Wort, man müsse langsam überlegen, dagegen rasch das Überlegte ausführen. Auch vom Scharfsinn ist das Wohlüberlegen verschieden, denn dieser ist eine Art glücklichen Erratens.

Ebensowenig ist es ja das Haben einer Meinung *[dóxa]*. Vielmehr, wer nicht recht überlegt, macht einen Fehler. Wer aber richtig überlegt, bei dem muß das Wohlüberlegtsein offenbar auch Richtigkeit sein, aber weder die Richtigkeit des Wissens, noch die des Meinens. Im Wissen nämlich gibt es überhaupt nicht so etwas wie Richtigkeit, sowenig wie Unrichtigkeit, im Meinen umgekehrt meint Richtigkeit einfach Wahrheit. Außerdem ist immer schon entschieden, wenn einer eine Meinung hat.

Andererseits ist Wohlüberlegtsein auch nicht ohne Denken. Es kann also nur zum Nachdenken gehören. Nachdenken ist noch nicht Behaupten. Denn eine Meinung haben ist kein Suchen mehr, sondern schon eine Behauptung. Dagegen wer mit sich zu Rate geht, ob er das gut oder schlecht macht, ist noch auf der Suche und macht sich Gedanken. Eine Art Richtigkeit des Überlegens ist also Wohlüberlegtsein. So hat man zuerst zu untersuchen, was Überlegen ist und worauf es sich bezieht. Nun wird der Ausdruck ‚Richtigkeit' in vielfachem Sinne gebraucht, kann auch nicht jede

δῆλον ὅτι οὐ πᾶσα· ὁ γὰρ ἀκρατὴς καὶ ὁ φαῦλος ὃ προτίθεται †ἰδεῖν† ἐκ τοῦ λογισμοῦ τεύξεται, ὥστε ὀρθῶς ἔσται βεβουλευμένος, κακὸν δὲ μέγα εἰληφώς. δοκεῖ δ᾽ ἀγαθόν τι τὸ εὖ βεβουλεῦσθαι· ἡ γὰρ τοιαύτη ὀρθότης βουλῆς εὐβουλία, ἡ ἀγαθοῦ τευκτική. ἀλλ᾽ ἔστι καὶ τούτου ψευδεῖ συλλογισμῷ τυχεῖν, καὶ ὃ μὲν δεῖ ποιῆσαι τυχεῖν, δι᾽ οὗ δ᾽ οὔ, ἀλλὰ ψευδῆ τὸν μέσον ὅρον εἶναι· ὥστ᾽ οὐδ᾽ αὕτη πω εὐβουλία, καθ᾽ ἣν οὗ δεῖ μὲν τυγχάνει, οὐ μέντοι δι᾽ οὗ ἔδει. ἔτι ἔστι πολὺν χρόνον βουλευόμενον τυχεῖν, τὸν δὲ ταχύ. οὐκοῦν οὐδ᾽ ἐκείνη πω εὐβουλία, ἀλλ᾽ ὀρθότης ἡ κατὰ τὸ ὠφέλιμον, καὶ οὗ δεῖ καὶ ὣς καὶ ὅτε. ἔτι ἔστι καὶ ἁπλῶς εὖ βεβουλεῦσθαι καὶ πρός τι τέλος. ἡ μὲν δὴ ἁπλῶς ἡ πρὸς τὸ τέλος τὸ ἁπλῶς κατορθοῦσα, τὶς δὲ ἡ πρός τι τέλος. εἰ δὴ τῶν φρονίμων τὸ εὖ βεβουλεῦσθαι, ἡ εὐβουλία εἴη ἂν ὀρθότης ἡ κατὰ τὸ συμφέρον πρὸς τὸ τέλος, οὗ ἡ φρόνησις ἀληθὴς ὑπόληψίς ἐστιν.

11 Ἔστι δὲ καὶ ἡ σύνεσις καὶ ἡ εὐσυνεσία, καθ᾽ ἃς λέ-
1143a γομεν συνετοὺς καὶ εὐσυνέτους, οὔθ᾽ ὅλως τὸ αὐτὸ ἐπιστήμῃ ἢ δόξῃ (πάντες γὰρ ἂν ἦσαν συνετοί) οὔτε τις μία τῶν κατὰ μέρος ἐπιστημῶν, οἷον ἡ ἰατρικὴ περὶ ὑγιεινῶν, ἡ γεωμετρία περὶ μεγέθη· οὔτε γὰρ περὶ τῶν ἀεὶ ὄντων καὶ ἀκινήτων ἡ σύνεσίς ἐστιν οὔτε περὶ τῶν γιγνομένων ὁτουοῦν, ἀλλὰ περὶ ὧν ἀπορήσειεν ἄν τις καὶ βουλεύσαιτο. διὸ περὶ τὰ αὐτὰ μὲν τῇ φρονήσει ἐστίν, οὐκ ἔστι δὲ τὸ αὐτὸ σύνεσις καὶ φρόνησις. ἡ μὲν γὰρ φρόνησις ἐπιτακτική ἐστιν· τί γὰρ

Richtigkeit hier gemeint sein. Der Hemmungslose und der schlechte Mensch wird durch Denken ermitteln, was er zu ermitteln sich vorgesetzt hat; er wird mithin richtig überlegt haben, aber was er damit erreicht, ist nur ein großes Übel. Dagegen wird Wohlüberlegtsein allgemein als ein Gut angesehen. Es ist diejenige Richtigkeit des Überlegens, die uns das Gute erreichen läßt.

Aber auch dieses kann man durch einen falschen Schluß richtig treffen. So kann man zwar das wirklich treffen, was tatsächlich zu tun ist, aber nicht auf dem rechten Wege, sondern durch ein falsches Mittelglied. Mithin kann auch dieses Überlegen, selbst wenn es auch das Rechte trifft, noch nicht als ein Wohlüberlegtsein gelten, da es auf dem falschen Wege war.

Ferner kann man ebensowohl mittelst langsamer, wie mittelst rascher Überlegung das Rechte treffen. Daher ist auch jene ‚Richtigkeit' noch nicht Wohlüberlegtsein, sondern erst dasjenige Überlegen, welches auf das Nützliche und auf den rechten Zweck gerichtet ist, und auf die rechte Weise und in der rechten Zeit zustande kommt. Da man auch teils in allen Fällen wohlüberlegt sein kann, teils nur für einen bestimmten Zweck, so gibt es ein allgemeines Wohlüberlegtsein, welches für jeden Zweck schlechthin das Rechte trifft, und ein besonderes, das für einen besonderen Zweck das Rechte trifft.

Da endlich das Wohlüberlegtsein Sache des vernünftigen Menschen ist, so kann man sagen, daß das Wohlüberlegtsein auf Richtigkeit beruht. Sie ist auf das gerichtet, was zu einem solchen Zweck dient, für den die Vernünftigkeit die wahren Annahmen gemacht hat.

XI

Es gibt Verstehen *[sýnesis]* und leicht Verstehen *[eusynesía]*, wonach man die einen als verständig und die anderen als verständnisvoll unterscheidet, und dabei geht man nicht einfach nach dem Wissen oder gar nach den richtigen Meinungen, die einer hat – sonst wäre jedermann verständig –, auch nicht auf Grund einer besonderen, einzelnen Wissenschaft, wie der Heilkunde, der Wissenschaft von der Gesundheit, oder auf Grund der Geometrie, der Wissenschaft von den Größen. Denn Verstehen hat es weder mit dem Ewigen und Unveränderlichen zu tun, noch mit allem Entstehenden und Vergehenden, sondern nur mit solchem, worüber man in Zweifel und in Überlegen geraten kann. Mithin hat das Verstehen zwar den gleichen Bereich wie die Vernünftigkeit, aber trotzdem ist Vernünftigsein und Verständigsein nicht ein- und dasselbe. Die Vernünftigkeit ist gebietend, da ihr

δεῖ πράττειν ἢ μή, τὸ τέλος αὐτῆς ἐστίν· ἡ δὲ σύνεσις κριτικὴ μόνον. ταὐτὸ γὰρ σύνεσις καὶ εὐσυνεσία καὶ συνετοὶ καὶ εὐσύνετοι. ἔστι δ' οὔτε τὸ ἔχειν τὴν φρόνησιν οὔτε τὸ λαμβάνειν ἡ σύνεσις· ἀλλ' ὥσπερ τὸ μανθάνειν λέγεται συνιέναι, ὅταν χρῆται τῇ ἐπιστήμῃ, οὕτως ἐν τῷ χρῆσθαι τῇ δόξῃ ἐπὶ τὸ κρίνειν περὶ τούτων περὶ ὧν ἡ φρόνησίς ἐστιν, ἄλλου λέγοντος, καὶ κρίνειν καλῶς· τὸ γὰρ εὖ τῷ καλῶς τὸ αὐτό. καὶ ἐντεῦθεν ἐλήλυθε τοὔνομα ἡ σύνεσις, καθ' ἣν εὐσύνετοι, ἐκ τῆς ἐν τῷ μανθάνειν· λέγομεν γὰρ τὸ μανθάνειν συνιέναι πολλάκις.

Ἡ δὲ καλουμένη γνώμη, καθ' ἣν συγγνώμονας καὶ ἔχειν φαμὲν γνώμην, ἡ τοῦ ἐπιεικοῦς ἐστὶ κρίσις ὀρθή. σημεῖον δέ· τὸν γὰρ ἐπιεικῆ μάλιστά φαμεν εἶναι συγγνωμονικόν, καὶ ἐπιεικὲς τὸ ἔχειν περὶ ἔνια συγγνώμην. ἡ δὲ συγγνώμη γνώμη ἐστὶ κριτικὴ τοῦ ἐπιεικοῦς ὀρθή· ὀρθὴ δ' ἡ τοῦ ἀληθοῦς.

12 Εἰσὶ δὲ πᾶσαι αἱ ἕξεις εὐλόγως εἰς ταὐτὸ τείνουσαι· λέγομεν γὰρ γνώμην καὶ σύνεσιν καὶ φρόνησιν καὶ νοῦν ἐπὶ τοὺς αὐτοὺς ἐπιφέροντες γνώμην ἔχειν καὶ νοῦν ἤδη καὶ φρονίμους καὶ συνετούς. πᾶσαι γὰρ αἱ δυνάμεις αὗται τῶν ἐσχάτων εἰσὶ καὶ τῶν καθ' ἕκαστον· καὶ ἐν μὲν τῷ κριτικὸς εἶναι περὶ ὧν ὁ φρόνιμος, συνετὸς καὶ εὐγνώμων ἢ συγγνώμων· τὰ γὰρ ἐπιεικῆ κοινὰ τῶν ἀγαθῶν ἁπάντων ἐστὶν ἐν τῷ πρὸς ἄλλον. ἔστι δὲ τῶν καθ' ἕκαστα καὶ τῶν ἐσχάτων ἅπαντα τὰ πρακτά· καὶ γὰρ τὸν φρόνιμον δεῖ γινώσκειν αὐτά, καὶ ἡ σύνεσις καὶ ἡ γνώμη περὶ τὰ πρακτά, ταῦτα δ' ἔσχατα. καὶ ὁ νοῦς τῶν ἐσχάτων ἐπ' ἀμφότερα· καὶ γὰρ τῶν πρώτων ὅρων καὶ τῶν ἐσχάτων
1143 b νοῦς ἐστὶ καὶ οὐ λόγος, καὶ ὁ μὲν κατὰ τὰς ἀποδείξεις τῶν ἀκινήτων ὅρων καὶ πρώτων, ὁ δ' ἐν ταῖς πρακτικαῖς

Ziel die Bestimmung ist, was man zu tun oder nicht zu tun hat. Das Verstehen dagegen erwägt nur hin und her und bildet sich ein Urteil. Zwischen Verstehen und leichtem Verstehen, Verständig und Verständnisvoll ist nur ein Gradunterschied.

Vernünftig sein oder vernünftig werden ist aber nicht schon Verstehen. So nennt man „Verstehen" das Lernen *[manthánein],* wenn einer sich Wissen aneignet, und ebenso wenn einer eine Meinung teilt, um vernünftigerweise über die Rede eines Anderen zu urteilen – aber natürlich richtig zu urteilen. Denn gut und richtig sind hier dasselbe. Von diesem beim Lernen sich vollziehenden Verstehen stammt das Wort „Verstehen" her. Wer gelernt hat, heißt deshalb verständnisvoll. Auch wir sagen oft für Lernen „Verstehen".

Die sogenannte *gnóme,* das heißt die „Einsicht", aufgrund welcher wir sagen „einsichtig" und „einsichtig-sein" handelt es sich um Vernünftigkeit in der Beurteilung eines redlichen Anderen. Bezeichnend ist dafür: Ein redlicher Mensch heißt *syngnomonikós,* der dem Anderen gegenüber einsichtig ist". *Syngnóme,* „Einsichtigkeit", muß in gewissen Fällen geradezu zum Verzeihen geneigt sein. Einsichtigkeit ist richtige Einsicht in der billigen Beurteilung des anderen. Richtig ist sie, wenn sie die Wahrheit trifft.

XII

Alle diese Wissensformen kommen logischer Weise auf Eins hinaus. Die Ausdrücke „Einsichtigkeit" *[gnóme],* „Verstehen" *[sýnesis],* „Vernünftigkeit" *[phrónesis),* „Vernunft" *[noûs]* brauchen wir ja so, daß wir von denselben Personen sagen können, daß sie Einsichtigkeit und Vernunft besitzen oder wir nennen sie „vernünftig" und „verständnisvoll". Alle diese Kräfte beziehen sich auf das Letzte, das jeweils Einzelne. Wer einsichtig ist, zeigt sich auch dem Anderen gegenüber darin verständnisvoll, daß er über die Sachen urteilt, mit denen der Vernünftige es zu tun hat. Was recht und billig ist, kommt ja bei allem Guten in Betracht, das ein fremdes Interesse berührt. Alles Praktische aber gehört zum Einzelnen und zum Letzten. So muß der Vernünftige wissen, was zu tun ist, und so muß er ebenso im Umgang mit dem Anderen verständnisvoll und einsichtig sein. Das Praktische ist aber jeweils der einzelne, letzte Fall. Die Vernunft *[noûs]* hat es stets mit letzter Evidenz zu tun, und zwar nach beiden Seiten hin. Auf die ersten Begriffe wie auf den Einzelfall hin geht Vernunft – und nicht nur Argumente, sondern Evidenz. Einerseits betrifft dieselbe die unveränderlichen ersten Begriffe, und andererseits das Praktische, das jeweils veränderlich

τοῦ ἐσχάτου καὶ ἐνδεχομένου καὶ τῆς ἑτέρας προτάσεως· ἀρχαὶ γὰρ τοῦ οὗ ἕνεκα αὗται· ἐκ τῶν καθ' ἕκαστα γὰρ τὰ καθόλου· τούτων οὖν ἔχειν δεῖ αἴσθησιν, αὕτη δ' ἐστὶ νοῦς. διὸ καὶ φυσικὰ δοκεῖ εἶναι ταῦτα, καὶ φύσει σοφὸς μὲν οὐδείς, γνώμην δ' ἔχειν καὶ σύνεσιν καὶ νοῦν. σημεῖον δ' ὅτι καὶ ταῖς ἡλικίαις οἰόμεθα ἀκολουθεῖν, καὶ ἥδε ἡ ἡλικία νοῦν ἔχει καὶ γνώμην, ὡς τῆς φύσεως αἰτίας οὔσης. [διὸ καὶ ἀρχὴ καὶ τέλος νοῦς· ἐκ τούτων γὰρ αἱ ἀποδείξεις καὶ περὶ τούτων.] ὥστε δεῖ προσέχειν τῶν ἐμπείρων καὶ πρεσβυτέρων ἢ φρονίμων ταῖς ἀναποδείκτοις φάσεσι καὶ δόξαις οὐχ ἧττον τῶν ἀποδείξεων· διὰ γὰρ τὸ ἔχειν ἐκ τῆς ἐμπειρίας ὄμμα ὁρῶσιν ὀρθῶς. τί μὲν οὖν ἐστὶν ἡ φρόνησις καὶ ἡ σοφία, καὶ περὶ τί ἑκατέρα τυγχάνει οὖσα, καὶ ὅτι ἄλλου τῆς ψυχῆς μορίου ἀρετὴ ἑκατέρα, εἴρηται.

13 Διαπορήσειε δ' ἄν τις περὶ αὐτῶν τί χρήσιμοί εἰσιν. ἡ μὲν γὰρ σοφία οὐδὲν θεωρήσει ἐξ ὧν ἔσται εὐδαίμων ἄνθρωπος (οὐδεμιᾶς γάρ ἐστι γενέσεως), ἡ δὲ φρόνησις τοῦτο μὲν ἔχει, ἀλλὰ τίνος ἕνεκα δεῖ αὐτῆς ; εἴπερ ἡ μὲν φρόνησίς ἐστιν ἡ περὶ τὰ δίκαια καὶ καλὰ καὶ ἀγαθὰ ἀνθρώπῳ, ταῦτα δ' ἐστὶν ἃ τοῦ ἀγαθοῦ ἐστιν ἀνδρὸς πράττειν, οὐδὲν δὲ πρακτικώτεροι τῷ εἰδέναι αὐτά ἐσμεν, εἴπερ ἕξεις αἱ ἀρεταί εἰσιν, ὥσπερ οὐδὲ τὰ ὑγιεινὰ οὐδὲ τὰ εὐεκτικά, ὅσα μὴ τῷ ποιεῖν ἀλλὰ τῷ ἀπὸ τῆς ἕξεως εἶναι λέγεται· οὐθὲν γὰρ πρακτικώτεροι τῷ ἔχειν τὴν ἰατρικὴν καὶ γυμναστικήν ἐσμεν. εἰ δὲ μὴ τούτων χάριν φρόνιμον ῥητέον ἀλλὰ τοῦ γίνεσθαι, τοῖς οὖσι σπουδαίοις οὐθὲν ἂν εἴη χρήσιμος· ἔτι δ' οὐδὲ τοῖς μὴ ἔχουσιν· οὐδὲν γὰρ διοίσει αὐτοὺς ἔχειν ἢ ἄλλοις ἔχουσι πείθεσθαι, ἱκανῶς τ' ἔχοι ἂν ἡμῖν ὥσπερ

ist, wie wir das aus der Logik als die Rolle des Untersatzes kennen. Beides sind ja die letzten Ausgangspunkte für die dem Verhalten zugrunde liegenden Ziele: Vom Einzelnen aus wird das Allgemeine erkannt. Man muß daher vom Einzelnen unmittelbare Wahrnehmung haben, und diese Evidenz ist Sache der Vernunft. Es handelt sich eben um Gaben der Natur: Einsicht, Verstehen und Vernunft. Dagegen hat man Weisheit nicht von Natur. Daß es sich bei den anderen wirklich um Naturgaben handelt, dafür spricht auch, daß wir sie verschiedenen Altersstufen zuordnen und von einem gewissen Alter an Vernunft und Einsicht erwarten – eben weil die Natur hier die Ursache ist.

Dagegen meint Vernunft sowohl Anfang wie auch Ende. Sie leitet von den ersten Begriffen Beweise ab, und ebenso geht sie auf den konkreten Fall. Deswegen muß man auch ohne Beweis aufgestellte Behauptungen und Ansichten erfahrener Leute oder besonders verünftiger Leute gelten lassen, als ob sie Augenzeugen wären. Weil Erfahrung ihnen das Auge öffnet, sehen sie richtig.

Wir haben nunmehr das Wesen der Vernünftigkeit und das der Weisheit, so wie den Umkreis von beiden, behandelt und wir haben gesehen, daß jede von beiden die Bestheit oder Vollendung der beiden Wissensweisen der Seele ist.

XIII

Man kann nun die Frage aufwerfen, worin der Wert derselben besteht. Die Weisheit betrachtet nichts, was zur Glückseligkeit des Menschen dienen kann. Sie hat doch überhaupt nichts mit dem Werden von etwas zu tun. Bei der Vernünftigkeit trifft das zwar eher zu. Aber wozu bedarf es eigentlich der Vernünftigkeit? Sie lehrt uns zwar, was für den Menschen gut, sittlich schön, gerecht wäre, also das, was der „tugendhafte“ Mensch zu sein hat. Aber das bloß zu wissen, macht es einem nicht leichter, so zu werden, wenn anders die Tugenden (die Bestheiten) Grundhaltungen sind. Ebenso haben wir ja auch nicht durch bloßes Wissen Gesundheit oder einen guten Körperzustand. Selbst Heilkunde und Sport stellen so etwas nicht einfach her, weil sie eben auch Grundhaltungen betreffen.

Wollte man nun sagen, die Vernünftigkeit sei nicht dafür da, um die Tugenden besser kennenzulernen, sondern um selber tugendhaft zu werden, so wäre sie doch dem, der dies schon ist, zu nichts nütze – aber auch dem nicht, der es nicht ist. Denn ob einer die Vernünftigkeit selbst besitzt, oder einem anderen, der sie hat, einfach Folge leistet, macht das nichts aus. Das

καὶ περὶ τὴν ὑγίειαν· βουλόμενοι γὰρ ὑγιαίνειν ὅμως οὐ μανθάνομεν ἰατρικήν. πρὸς δὲ τούτοις ἄτοπον ἂν εἶναι δόξειεν, εἰ χείρων τῆς σοφίας οὖσα κυριωτέρα αὐτῆς ἔσται· ἡ γὰρ ποιοῦσα ἄρχει καὶ ἐπιτάττει περὶ ἕκαστον. περὶ δὴ τούτων λεκτέον· νῦν μὲν γὰρ ἠπόρηται περὶ αὐτῶν μόνον.
1144a πρῶτον μὲν οὖν λέγωμεν ὅτι καθ' αὑτὰς ἀναγκαῖον αἱρετὰς αὐτὰς εἶναι, ἀρετάς γ' οὔσας ἑκατέραν ἑκατέρου τοῦ μορίου, καὶ εἰ μὴ ποιοῦσι μηδὲν μηδετέρα αὐτῶν. ἔπειτα καὶ ποιοῦσι μέν, οὐχ ὡς ἡ ἰατρικὴ δὲ ὑγίειαν, ἀλλ' ὡς ἡ ὑγίεια, οὕτως ἡ σοφία εὐδαιμονίαν· μέρος γὰρ οὖσα τῆς ὅλης ἀρετῆς τῷ ἔχεσθαι ποιεῖ καὶ † τῷ ἐνεργεῖν εὐδαίμονα.† ἔτι τὸ ἔργον ἀποτελεῖται κατὰ τὴν φρόνησιν καὶ τὴν ἠθικὴν ἀρετήν· ἡ μὲν γὰρ ἀρετὴ τὸν σκοπὸν ποιεῖ ὀρθόν, ἡ δὲ φρόνησις τὰ πρὸς τοῦτον. τοῦ δὲ τετάρτου μορίου τῆς ψυχῆς οὐκ ἔστιν ἀρετὴ τοιαύτη, τοῦ θρεπτικοῦ· οὐδὲν γὰρ ἐπ' αὐτῷ πράττειν ἢ μὴ πράττειν. περὶ δὲ τοῦ μηθὲν εἶναι πρακτικωτέρους διὰ τὴν φρόνησιν τῶν καλῶν καὶ δικαίων, μικρὸν ἄνωθεν ἀρκτέον, λαβόντας ἀρχὴν ταύτην. ὥσπερ γὰρ καὶ τὰ δίκαια λέγομεν πράττοντάς τινας οὔπω δικαίους εἶναι, οἷον τοὺς τὰ ὑπὸ τῶν νόμων τεταγμένα ποιοῦντας ἢ ἄκοντας ἢ δι' ἄγνοιαν ἢ δι' ἕτερόν τι καὶ μὴ δι' αὐτά (καίτοι πράττουσί γε ἃ δεῖ καὶ ὅσα χρὴ τὸν σπουδαῖον), οὕτως, ὡς ἔοικεν, ἔστι τὸ πῶς ἔχοντα πράττειν ἕκαστα ὥστ' εἶναι ἀγαθόν, λέγω δ' οἷον διὰ προαίρεσιν καὶ αὐτῶν ἕνεκα τῶν πραττομένων. τὴν μὲν οὖν προαίρεσιν ὀρθὴν ποιεῖ ἡ ἀρετή, τὸ δ' ὅσα ἐκείνης ἕνεκα πέφυκε πράττεσθαι οὐκ ἔστι τῆς ἀρετῆς ἀλλ' ἑτέρας δυνάμεως. λεκτέον δ' ἐπιστήσασι σα-

Letztere würde genügen, wie es bei der Gesundheit genügt. Wir wollen ja alle gesund sein und lernen doch nicht alle die Heilkunde.

Außerdem kann es ungereimt scheinen, daß Vernünftigkeit – die doch geringer ist als Weisheit[24] –, wichtiger und maßgebender sein soll als diese. Als herstellende Tugend herrscht sie und gibt in allen Sachen die Anordnungen.

Hierüber haben wir nun zu sprechen. Bis jetzt hatten wir ja nur Fragen und Bedenken aufgeworfen. Zuerst setzen wir jetzt dagegen, daß beide Tugenden notwendig, jede an und für sich schützenswert ist. Jede ist ja eine Vollkommenheit einer anderen Seite der Seele, auch wenn beide nichts herstellen.

Sodann stellen sie eben doch wirklich etwas her. So führt die Weisheit zur Glückseligkeit, aber nicht in dem Sinn, wie die Heilkunde zur Gesundheit führt, sondern vielmehr so, wie die Gesundheit selbst für sich selber fürs Gesundsein sorgt und sich erhält. Als Teil der gesamten Tugend macht sie durch ihren Besitz und ihre Leistung glücklich.

Ferner sind sie es, die das menschliche Verhalten mit der Vernünftigkeit und der sittlichen Tugend in Einklang bringen. Durch das Ethos wird das richtige Ziel gesetzt, durch die Vernünftigkeit werden die rechten Mittel dazu gewählt. Die vierte Seite der Seele, die das vegetative System ist, hat dagegen kein Ethos und keine Bestheit in diesem Sinne. Es steht nicht bei ihr, sich so oder so zu verhalten oder nicht zu verhalten.

Was aber den Einwand angeht, daß man durch Vernünftigkeit keineswegs fähiger werde, das sittlich Schöne und Gerechte zu verwirklichen, so müssen wir zur Widerlegung etwas weiter zurückgreifen und von folgendem ausgehen[25]. Von manchen Personen, die sich tüchtig verhalten, sagen wir deshalb doch nicht, sie seien „gerecht", etwa von solchen nicht, die das vom Gesetz Gebotene unfreiwillig oder aus Unwissenheit oder aus einem nicht in der Sache selbst liegenden Grunde tun – auch wenn sie wirklich das tun, was zu tun ist und was für den Tugendhaften seine Pflicht ist. So ist offenbar, um tugendhaft zu sein, eine bestimmte Haltung notwendig, die allem Verhalten zugrunde liegt, nämlich eine entschiedene Vorzugswahl und ein Verhalten um des Verhaltens selbst willen. Daß so die Vorzugswahl das Rechte wähle, das hängt von dem Ethos, von der Tugend ab, und daß zur Ausführung der Vorzugswahl alles geschehe, was von Natur zur Erreichung des von der Tugend gewählten Zwecks dient, ist nun freilich nicht immer das Werk des Ethos allein.

24 Vgl. VI, 1141a 20-22.
25 Vgl. II, 1105a 18 – 1105b 19; V, 1135a 16-19; V, 1134a 16-23.

φέστερον περὶ αὐτῶν. ἔστι δὴ δύναμις ἣν καλοῦσι δεινότητα· αὕτη δ' ἐστὶ τοιαύτη ὥστε τὰ πρὸς τὸν ὑποτεθέντα σκοπὸν συντείνοντα δύνασθαι ταῦτα πράττειν καὶ τυγχάνειν αὐτοῦ. ἂν μὲν οὖν ὁ σκοπὸς ᾖ καλός, ἐπαινετή ἐστιν, ἐὰν δὲ φαῦλος, πανουργία· διὸ καὶ τοὺς φρονίμους δεινοὺς καὶ πανούργους φαμὲν εἶναι. ἔστι δ' ἡ φρόνησις οὐχ ἡ δύναμις, ἀλλ' οὐκ ἄνευ τῆς δυνάμεως ταύτης. ἡ δ' ἕξις τῷ ὄμματι τούτῳ γίνεται τῆς ψυχῆς οὐκ ἄνευ ἀρετῆς, ὡς εἴρηταί τε καὶ ἔστι δῆλον· οἱ γὰρ συλλογισμοὶ τῶν πρακτῶν ἀρχὴν ἔχοντές εἰσιν, ἐπειδὴ τοιόνδε τὸ τέλος καὶ τὸ ἄριστον, ὁτιδήποτε ὄν (ἔστω γὰρ λόγου χάριν τὸ τυχόν)· τοῦτο δ' εἰ μὴ τῷ ἀγαθῷ, οὐ φαίνεται· διαστρέφει γὰρ ἡ μοχθηρία καὶ διαψεύδεσθαι ποιεῖ περὶ τὰς πρακτικὰς ἀρχάς. ὥστε φανερὸν ὅτι ἀδύνατον φρόνιμον εἶναι μὴ ὄντα
1144b ἀγαθόν. Σκεπτέον δὴ πάλιν καὶ περὶ ἀρετῆς· καὶ γὰρ ἡ ἀρετὴ παραπλησίως ἔχει ὡς ἡ φρόνησις πρὸς τὴν δεινότητα —οὐ ταὐτὸ μέν, ὅμοιον δέ—οὕτω καὶ ἡ φυσικὴ ἀρετὴ πρὸς τὴν κυρίαν. πᾶσι γὰρ δοκεῖ ἕκαστα τῶν ἠθῶν ὑπάρχειν φύσει πως· καὶ γὰρ δίκαιοι καὶ σωφρονικοὶ καὶ ἀνδρεῖοι καὶ τἆλλα ἔχομεν εὐθὺς ἐκ γενετῆς· ἀλλ' ὅμως ζητοῦμεν ἕτερόν τι τὸ κυρίως ἀγαθὸν καὶ τὰ τοιαῦτα ἄλλον τρόπον ὑπάρχειν. καὶ γὰρ παισὶ καὶ θηρίοις αἱ φυσικαὶ ὑπάρχουσιν ἕξεις, ἀλλ' ἄνευ νοῦ βλαβεραὶ φαίνονται οὖσαι. πλὴν τοσοῦτον ἔοικεν ὁρᾶσθαι, ὅτι ὥσπερ σώματι ἰσχυρῷ ἄνευ ὄψεως κινουμένῳ συμβαίνει σφάλλεσθαι ἰσχυρῶς διὰ τὸ μὴ ἔχειν ὄψιν, οὕτω καὶ ἐνταῦθα· ἐὰν δὲ λάβῃ νοῦν, ἐν τῷ πράττειν διαφέρει· ἡ δ' ἕξις ὁμοία οὖσα τότ' ἔσται κυρίως ἀρετή. ὥστε καθάπερ ἐπὶ τοῦ δοξαστικοῦ δύο ἐστὶν εἴδη, δεινότης καὶ φρόνησις, οὕτω καὶ ἐπὶ τοῦ ἠθικοῦ δύο ἐστί, τὸ μὲν ἀρετὴ φυσικὴ τὸ δ' ἡ κυρία, καὶ τούτων ἡ κυρία οὐ γίνεται ἄνευ φρονήσεως. διόπερ τινές φασι πά-

Da spielt eine andere Anlage hinein. Wir müssen hier etwas verweilen, um das deutlicher zu machen.

Es gibt eine gewisse Anlage, welche man Schlauheit nennt und welche dazu führt, daß einer die zu jedem vorgesetzten Ziele führenden Mittel ergreift und einsetzt. Ist das nun ein sittlich schönes Ziel, so ist diese Schlauheit lobenswert. Ist es aber etwas schlechtes, so ist es böse. So nennen wir zwar beide schlau, die Vernünftigen wie die Klugen. Vernünftigkeit ist aber nicht immer nur Schlauheit, wenn sie auch nicht ganz ohne sie ist. Diese Grundhaltung ist sozusagen das Auge der Seele, und es ist nicht ohne die Tugend, wie dies schon bemerkt[26] und leicht einzusehen ist. Die Schlüsse nämlich, welche dem Verhalten als Ausgangspunkt vorangehen, lauten: „Weil das und das Ziel und das Beste ist – was es ist, ist gleichgültig. Es handelt sich hier ja nur um ein Beispiel –, so – ...". Daß es das richtige Ziel wird, zeigt sich nur bei solchen Menschen, die ein Ethos besitzen und tugendhaft sind. Die Unsittlichkeit verwirrt dagegen das Urteil der Vernunft und führt das Verhalten in die Irre. Es ist also klar, daß man ohne Ethos unmöglich vernünftig sein kann.

Wenden wir uns wieder der Bestheit, der Tugend unser Augenmerk zu. Sie hat zu der Schlauheit ein ähnliches Verhältnis wie die Vernünftigkeit – ohne mit ihr eins zu sein. Sie ist ihr jedoch ähnlich. So verhält sich eine natürliche Anlage zur eigentlichen und wahrhaften Bestheit und Tugend. Wir sind ja alle darüber einig, daß jede Charaktereigenschaft gleichsam von Natur vorgesehen ist. Gerechtigkeit, Selbstbeherrschung, Mut und so weiter ist für uns gleich von Geburt an angelegt, und dennoch bestehen wir darauf, daß das eigentliche Gute noch etwas anderes sei, und daß dieses noch in anderer Weise dem Menschen zukomme und nicht nur von Natur. Auch Kinder und Tiere besitzen ja solche Naturanlagen, haben aber offenbar nur Schlechtes davon, da sie nicht genug Vernunft haben. Jedenfalls ist, scheint es, soviel ersichtlich, daß es hier wie mit einem starken Körper ist, der sich ohne Sehkraft bewegt, und eben dieses Mangels wegen besonders stark anstößt. Kommt nun zu der Naturanlage noch die Vernunft hinzu, so leistet sie Ausgezeichnetes. Die Grundhaltung wird dann zur eigentlichen Bestheit und Tugend, während sie bis dahin nur so ähnlich war. Wie es eben in dem meinenden und theoretisch urteilenden Seelenteil zwei Arten von Prinzipien und Antrieben des Verhaltens gibt, die Schlauheit und die Vernünftigkeit, so gibt es auch im begehrenden und ethischen Teil der Seele ihrer zwei, die natürliche und die eigentliche Tugend. Von diesen ist die letztere ohne Vernünftigkeit nicht möglich.

[26] Vgl. VI, 1144a 6-26.

σας τὰς ἀρετὰς φρονήσεις εἶναι, καὶ Σωκράτης τῇ μὲν ὀρθῶς ἐζήτει τῇ δ' ἡμάρτανεν· ὅτι μὲν γὰρ φρονήσεις ᾤετο εἶναι πάσας τὰς ἀρετάς, ἡμάρτανεν, ὅτι δ' οὐκ ἄνευ φρονήσεως, καλῶς ἔλεγεν. σημεῖον δέ· καὶ γὰρ νῦν πάντες, ὅταν ὁρίζωνται τὴν ἀρετήν, προστιθέασι, τὴν ἕξιν εἰπόντες καὶ πρὸς ἅ ἐστι, τὴν κατὰ τὸν ὀρθὸν λόγον· ὀρθὸς δ' ὁ κατὰ τὴν φρόνησιν. ἐοίκασι δὴ μαντεύεσθαί πως ἅπαντες ὅτι ἡ τοιαύτη ἕξις ἀρετή ἐστιν, ἡ κατὰ τὴν φρόνησιν. δεῖ δὲ μικρὸν μεταβῆναι. ἔστι γὰρ οὐ μόνον ἡ κατὰ τὸν ὀρθὸν λόγον, ἀλλ' ἡ μετὰ τοῦ ὀρθοῦ λόγου ἕξις ἀρετή ἐστιν· ὀρθὸς δὲ λόγος περὶ τῶν τοιούτων ἡ φρόνησίς ἐστιν. Σωκράτης μὲν οὖν λόγους τὰς ἀρετὰς ᾤετο εἶναι (ἐπιστήμας γὰρ εἶναι πάσας), ἡμεῖς δὲ μετὰ λόγου. δῆλον οὖν ἐκ τῶν εἰρημένων ὅτι οὐχ οἷόν τε ἀγαθὸν εἶναι κυρίως ἄνευ φρονήσεως, οὐδὲ φρόνιμον ἄνευ τῆς ἠθικῆς ἀρετῆς. ἀλλὰ καὶ ὁ λόγος ταύτῃ λύοιτ' ἄν, ᾧ διαλεχθείη τις ἂν ὅτι χωρίζονται ἀλλήλων αἱ ἀρεταί· οὐ γὰρ ὁ αὐτὸς εὐφυέστατος πρὸς ἁπάσας, ὥστε τὴν μὲν ἤδη τὴν δ' οὔπω εἰληφὼς ἔσται· τοῦτο γὰρ κατὰ μὲν τὰς φυσικὰς ἀρετὰς ἐνδέχεται, καθ' ἃς 1145a δὲ ἁπλῶς λέγεται ἀγαθός, οὐκ ἐνδέχεται· ἅμα γὰρ τῇ φρονήσει μιᾷ ὑπαρχούσῃ πᾶσαι ὑπάρξουσιν. δῆλον δέ, κἂν εἰ μὴ πρακτικὴ ἦν, ὅτι ἔδει ἂν αὐτῆς διὰ τὸ τοῦ μορίου ἀρετὴν εἶναι, καὶ ὅτι οὐκ ἔσται ἡ προαίρεσις ὀρθὴ ἄνευ φρονήσεως οὐδ' ἄνευ ἀρετῆς· ἡ μὲν γὰρ τὸ τέλος ἡ δὲ τὰ πρὸς τὸ τέλος ποιεῖ πράττειν. ἀλλὰ μὴν οὐδὲ κυρία γ' ἐστὶ τῆς σοφίας οὐδὲ τοῦ βελτίονος μορίου, ὥσπερ οὐδὲ τῆς ὑγιείας ἡ ἰατρική· οὐ γὰρ χρῆται αὐτῇ, ἀλλ' ὁρᾷ

Daher kommt es, daß einige Philosophen alle Tugenden für Wissensformen erklärt haben, und daß Sokrates teils auf dem rechten Wege, teils im Irrtum war. Im Irrtum war er, weil er alle Tugenden für Vernunfthandlungen hielt – im Rechte war er, weil er sie alle von der Vernünftigkeit für unzertrennlich hielt. Ein Beweis dafür ist, daß heutzutage niemand, der die Tugend definieren will, es unterläßt beizufügen, daß sie eine mit der gesunden Vernunft übereinstimmende Grundhaltung ist. Gesund ist eben nur die mit der Vernünftigkeit übereinstimmende Vernunft. Auch wenn einer sich auf diese Grundhaltung beruft, pflegt man es zuzugeben. So scheinen alle gleichsam zu ahnen, daß die Tugend eine solche Grundhaltung ist, die mit der Vernünftigkeit übereinstimmt. Man muß aber noch einen kleinen Schritt weiter gehen. Nicht die Grundhaltung, die mit der gesunden Vernunft bloß übereinstimmt, ist selber Bestheit und Tugend, sondern nur eine von der gesunden Vernunft untrennbare Grundhaltung. Gesunde Vernunft ist in diesen Sachen eben was wir „Vernünftigkeit" nennen. Während Sokrates meinte, die Tugenden seien je besondere Leistungen der Vernunft und sie seien insgesamt Wissen, sagen wir dagegen nur, daß sie mit der Vernunft unlöslich verbunden sind.

Aus dem Gesagten ist also klar, daß es unmöglich ist, im eigentlichen Sinn tugendhaft zu sein ohne Vernünftigkeit, und daß es ebenso unmöglich ist, vernünftig zu sein, wenn Ethos, das heißt die sittliche Tugend fehlt.

Hiermit ist zugleich der Einwand widerlegt, auf den hin man darauf besteht, daß die verschiedenen Tugenden voneinander ganz trennbar seien, da nicht eine und dieselbe Person die gleichen glücklichen Anlagen von Natur zu allen Tugenden habe und sie könne schon im Besitz der einen sein, ohne auch die andere je zu erlangen. Dies ist in Ansehung der natürlichen Tugenden gewiß möglich, nicht aber in Ansehung des Ethos, d.h. der Tugenden, durch die der Mensch eigentlich und wahrhaft tugendhaft wird. Diese werden mit der Vernünftigkeit immer alle vorhanden sein. Auch wenn Vernünftigkeit zum Verhalten weiter nichts beitrüge, wird somit deutlich sein, daß sie notwendig ist, weil sie die Tugend und die Vollkommenheit einer Seite der Seele ist, und weil die Vorzugswahl ohne Vernünftigkeit und Tugend nicht die richtige sein kann. Das Ethos läßt uns das Ziel bestimmen, die Vernünftigkeit aber die Mittel dazu wählen.

Dennoch ist Vernünftigkeit nicht höher als Weisheit. Auch ist sie nicht die Eigenschaft der edelsten Seite der Seele. Die Heilkunde hat ebenso nicht den Vorrang vor der Gesundheit, da sie derselben nur als ein Mittel dient und nur für ihre Entstehung und Erhaltung Sorge trägt. Sie hat mit-

ὅπως γένηται· ἐκείνης οὖν ἕνεκα ἐπιτάττει, ἀλλ' οὐκ ἐκείνῃ. ἔτι ὅμοιον κἂν εἴ τις τὴν πολιτικὴν φαίη ἄρχειν τῶν θεῶν, ὅτι ἐπιτάττει περὶ πάντα τὰ ἐν τῇ πόλει.

hin der Gesundheit sonst nichts zu sagen, sondern nur, wenn es um die Gesundheit geht. Sonst könnte man ebensogut sagen, der Staatskunst stehe auch die Herrschaft über die Götter zu, weil sie alle Angelegenheiten des Staates verwalte.

Nachwort
Die Begründung der praktischen Philosophie

Daß man überhaupt von praktischer Philosophie sprechen kann, dürfte wohl auf die Wirkung des Sokrates zurückgehen. Gewiß gibt es in der frühen griechischen Literatur Zeugnisse für moralische Reflexion. Aber daß eine Wendung der philosophischen Reflexion auf die moralischen und sozialen Probleme sichtbar wurde, läßt sich nicht ohne die durch Plato herbeigeführte Konfrontation der sokratischen Gsprächskunst mit den sophistischen Pseudokünsten erklären. Man spricht von dem Intellektualismus der griechischen Ethik aufgrund des sokratischen Dialogs, wie ihn Plato stilisiert hat.

Das Bestehen auf definitorischer Präzision begegnet bei Plato meist nur in der Negativform, sofern die Frage nach dem Guten in der Bloßstellung des Nichtwissens endet. In dieser aporetischen Kunst, zu der Plato sein Sokratesbild verschärft – wie es etwa an dem Gesprächsstil des Sokrates in den *Memorabilien* des Xenophon deutlich zu sehen ist –, wird man eine Vordeutung erblicken müssen, wenn Plato darauf besteht, daß das Gute jenseits aller Definierbarkeit ist. Er hat damit seinem Sokrates die neue Wendung gegeben, durch die er seine Abkehr von aller Politik, die der 7. Brief ausspricht, besiegelt.

Dazu spricht die platonische Schrift über den idealen Staat, die *Politeia,* eine deutliche Sprache. Das ganze große metaphorische Gebilde der Erziehung der wahren Wächter, die die ideale Stadt schützen sollen, läuft auf Sokrates' grundsätzliche Frage nach dem Guten hinaus. Es macht nicht nur bestimmte Formen des Verhaltens zum Gegenstand, sie als ‚Tugenden' auszeichnend, sondern meint das Gute selbst. Statt eine wirkliche Antwort im Sinne einer Definition des Guten anzubieten, führt Plato den ganzen großen Mythos der Höhle und damit auch die Parallele des Guten mit dem Licht der Sonne vor. Jedenfalls ist eine echte und eindeutige Definition des Guten nirgends bei Plato zu finden.

Damit rückt die platonische Dialogdichtung in eine aufschlußreiche Nähe zu der Entfaltung der praktischen Philosophie durch Aristoteles. Auch da muß man ja im Grunde sehen, daß das bloße Wissen der Regeln für die Anwendung inhaltlicher Normen und die Errichtung wohlgeordneter Gesellschaftsstrukturen nicht zum Guten führt. Das mindestens sollte man der philosophischen Ethik und praktischen Philosophie zuschreiben, daß ihre Grundfrage nach dem Guten selbst nicht durch eine

Definition beantwortet wird. Denn in der Ethik geht es immer um die richtige Entscheidung im rechten Augenblick. Das heißt gewiß nicht, daß dabei nicht immer auch Sachwissen nötig und beteiligt ist. Aber den Weg zum Guten darf man nicht in Parallele mit der Mathematik setzen. Plato selber hat demgegenüber die Andersartigkeit des Guten, des Schönen und des Angemessenen deutlich zum Ausdruck gebracht. Da gibt es kein Maßnehmen und kein messendes Wissen und Beherrschen. Das lehrt der bekannte Exkurs vom *Staatsmann,* in dem von dem Genauen selbst die Rede ist.[1] In diesem Exkurs wird sehr gut dargestellt, um was für eine Art von Wissen es hier geht. In Wahrheit kann man sich kaum eine genauere Annäherung an den schließlich in der *Nikomachischen Ethik* entwickelten Begriff der Phronesis vorstellen, als die Weise, in der diese im *Staatsmann* neben der Wissenschaft ausdrücklich und untrennbar als ein anderes Wissen gefordert wird[2]. Man wird aber nicht nur diese Entsprechung zum aristotelischen Begriff des praktischen Wissens beachten müssen, sondern ebensosehr die Entsprechung zwischen der Rolle des Ethos in der aristotelischen Ethik und dem Aufbau des gesamten utopischen Erziehungsstaates, den Plato in der *Politeia* schildert. Was ist das anders als ein idealisiertes Extrem von Ethos, daß man durch die rechte Beherrschung des Trieblebens und der Bedürfnisse eines jeden ein Zusammenleben ohne Unfrieden garantiert? Es sei denn, daß etwa ein Rechenfehler die ideale Stadt zu Schaden bringt. Gewiß will Aristoteles von der Idee des Guten, die in der platonischen Dialogdichtung auch oft im Hinblick auf Physik und Weltgestaltung eine Rolle spielt, nichts wissen. Ihm liegt ganz ausdrücklich an der Abgrenzung der praktischen Philosophie gegenüber der Physik – wie wir das auch in Platos *Philebos* im selben Sinne finden. Jedenfalls wird man gut tun, sich dieser Abgrenzung stets bewußt zu sein, wie sie sich sowohl in den Platonischen Dialogen als auch in den Ethikentwürfen des Aristoteles findet. Es handelt sich eben in beiden Fällen nicht um Bücher, von denen wir etwa Forschungsergebnisse im engeren Sinne zu erwarten hätten. Der *7. Brief* spricht klar aus, daß nur die lebendige Kommunikation das Ganze eines solchen Aufbaus von Wort, Begriff, Illustration und angeblichem Wissen einschließt, und daß allein im Gespräch der Funke überspringen kann[3].

Dieser Funke ist wohl nicht die Leistung einer Definition, als vielmehr der Vollzug, der das etwa in einer Definition Gesagte und in Worten Aus-

[1] Platon, *Staatsmann,* 283c-287b.
[2] Platon, *Staatsmann,* 258d-259c.
[3] Platon, *7. Brief,* 342a-344d.

gedrückte und in einer Verbildlichung Beschriebene plötzlich mit Leben erfüllt. Dem entspricht sehr wohl die Sorgfalt, mit der Aristoteles die Besonderheit der Ethik und der praktischen Philosophie hervorhebt. Er illustriert sie mit dem berühmten Gleichnis von dem Bogenschützen, der sein Ziel besser trifft, wenn es markiert ist, als wenn eine solche Marke fehlt. Das ist eine auffällig vorsichtige Form, mit der hier die begriffliche Unterscheidungsaufgabe, die in den aristotelischen Schriften ihren Niederschlag gefunden hat, ihre Charakterisierung findet. Sie bedeutet am Ende vernünftige gesprächsweise Erhellung der Probleme, die dem Anderen ein Licht aufgehen läßt. Gerade in diesem Vergleich mit dem Bogenschützen wird klar, daß praktisches Wissen einer schriftlichen Fixierung entzogen bleibt.

Schließlich wird das 6. Buch der *Nikomachischen Ethik* die ausführliche Auseinandersetzung mit dieser schwierigen Thematik bringen. Irgendwie muß doch die Antwort auf die Grundfrage dort gesucht werden, die immer wieder gestellt wird, wenn man mit Aussagen über die moralische Welt zu tun hat und um das Gute besorgt ist. Es bleibt doch immer dabei, daß am Ende der Anspruch der Phronesis ein anderer und höherer, wenngleich weniger auf Gewißheit gehender ist, als derjenige etwa der Mathematik, die auf die Vollendung reiner Erkenntnis abzielt. Der höhere Anspruch ist aber zugleich ein niedrigerer, sofern man in der Frage nach dem menschlichen Guten zwar gewiß nicht gesichertes Wissen oder gar Zahlentheorie zu seiner Begründung in Anspruch nehmen soll, wohl aber das Denken im Sinne des zum Gegenstand-machens von der im Vollzug waltenden Denkkraft unterscheiden muß. Es wird also darauf ankommen, zwischen der theoretischen Weisheit des Wissens und dieser praktischen Sicherheit in der Wahl *[prohaíresis]* zu unterscheiden, die Aristoteles als Sophia und als Phronesis benennt. Beide sind als Tugenden, ‚Bestheiten' der menschlichen Seele ausgezeichnet. Am Ende erscheinen sie als untrennbare Aspekte desselben geistigen Seins des Menschen.

Immerhin spricht dafür die große Sorgfalt, mit der Aristoteles in allen seinen ethischen Texten den Wissensanspruch seiner theoretischen Gedankenbildung zurückbindet und in allen drei Versionen der Ethik mit Energie darauf besteht, daß eine Orientierung der eigenen Lebensrichtung auf das Gute hin mitspielt. Vielleicht darf man noch einen Schritt weitergehen und sagen, daß es Aristoteles nicht gelungen ist oder vielleicht auch von ihm nie angestrebt worden ist, das Verhältnis zwischen dem theoretischen Wissen und dem praktischen Wissen zu genauer Darstellung zu bringen. Daß die Götter im Element der Theorie leben und daß dieses für sie höch-

ste Praxis ist, wird immerhin an einer bekannten Stelle der *Politik*[4] von Aristoteles ausdrücklich gesagt. Vielleicht hat auch die moderne Forschung noch immer keine bessere Antwort auf das vergegenständlichende Wissen und diese Formen von Kommunikation und gegenseitiger Erhellung, welche Praxis und den richtigen Weg des Lebens beleuchtet. Man sollte ja auch nicht vergessen, daß die aristotelischen Papiere Grundlage für die lebendige Stimme des Lehrers und des Gesprächspartners sind, und nicht wie die literarischen Meisterwerke, die die platonischen Dialoge sind, sich als letztes Ziel setzen, durch die Kunst des Dialogs den Leser oder Hörer des Textes zum Denken zu bringen.

In der Tat ist der Aufbau des 6. Buches in den ersten sechs Kapiteln von hinreißender Konsequenz. Aber ebenso deutlich ist, wie sich am Ende das eigentliche Anliegen, nämlich das Wesen des praktischen Wissens, in den Vordergrund drängt. Jedenfalls wird es klar, daß das Kapitel nur zwei vollendete Weisen des Wissens anerkennt, die mit Nous gepaarte Episteme, das theoretische Wissen der Sophia und – vor allem – die vom Nous durchdrungene Phronesis, das praktische Wissen. Das sind die beiden einzigen, den Teilen der Seele genau entsprechenden Grundkräfte des Wissens, die sich ganz im Wahren bewegen.

Das lenkt die Aufmerksamkeit auf die eigentümliche Randstellung, die der Nous, die Vernunft, in dieser Reihe der Grundkräfte des Wissens innehat. Man versteht sehr gut, daß Vernunft stets nur im Zusammenhang auftreten kann, sei es mit dem theoretischen Wissens der Episteme und der Logik, sei es im Bereich des praktischen Wissens, aufgrund dessen wir unsere Entscheidungen zu treffen haben. Die Vernunft ist also kein eigenes Wissen, sondern verleiht sowohl dem theoretischen Wissen die eigentliche Grundlage in der theoretischen Anwendung für die Sätze, aus denen unwiderlegliche Schlüsse zur Wahrheit führen, wie auch dem praktischen Wissen nach beiden Seiten die immer im Bewußtsein lebendige Zielsetzung der Tugenden, einerseits die Aristoteles die ethischen nennt, und andererseits die Evidenz des konkreten Falles. Was das sittliche Wissen gut heißt, steht nach beiden Seiten unter dem Vorzug jener Unmittelbarkeit, die offenbar den Begriff des Nous auszeichnet[5]. Wie sehr das Ideal des praktischen Wissens, die Phronesis, im Zentrum des aristotelischen Interesses steht, wird sich im Aufbau des Buches weiter zeigen.

Den Abschluß des Buches macht das 13. Kapitel mit geradezu unförmi-

[4] Aristoteles, *Politik 7,* 1325b.

[5] Vgl. K. von Fritz, in *Classical Philology,* XXXVIII, 1943, 79 ff., und Ebd., XL, 1945, 236.

ger Länge. Es verrät damit zugleich, wie sich die kühne aristotelische Trennung, die Unterscheidung von theoretischem und praktischem Wissen, immer wieder in ihrer Problematik zu Wort meldet und zu neuem Nachdenken herausfordert. Insofern ist es notwendig, dieses letzte Kapitel mit besonderer Sorgfalt auf unsere Grundfrage zu beziehen. Schon die Tatsache, daß das Kapitel wie ein neues Thema mit einer Aporetik einsetzt, zeigt innere Geschlossenheit der Gedankenführung und gibt damit auch den Leitfaden für das Verständnis, um das es dabei geht. Der Sache nach ist es die Frage, die uns von Anbeginn interessiert: Was ist ethische Reflexion und wie kann sie zugleich der Erziehung des Menschen dienen? Die aristotelischen Lehrschriften kommen auf solche Frage immer wieder zurück. Der innere Zusammenhang, der in dieser Fragestellung sich anzeigt, ist so zwingend, daß auch in der Forschung die Unterscheidung der theoretischen Reflexion von dem sittlichen Bewußtsein in seiner konkreten Ausübung nicht recht gelingen will. Man kann offenbar solche Reflexion nicht unter der Voraussetzung anstellen, daß man sich hier nur theoretisch über mögliche Fälle von Praxis Rechenschaft geben will. Vielmehr soll die Praxis selber durch solche Reflexion auf die sie beherrschenden Komponenten des Wissendseins ihre Gestaltung und Beherrschung erhalten. Wir werden also immer erneut genötigt, die Frage zu stellen, die ich in einem Aufsatz schon am Beispiel der Kantischen Grundlegung der *Metaphysik der Sitten* erörtert habe[6]. Auch hier geht es darum, wozu ein philosophisches Wissen nützen soll, wenn es um sittliches Sein geht. Ist das nicht ein ganz anderes Wissen, das unser Handeln im konkreten gegebenen Falle erforderlich macht? Und ist es nicht geradezu eine Verzerrung, wenn man im allgemeinen wissen will, was man nur im besonderen Falle wissen kann?

Der Text des 13. Kapitels beginnt mit zwei Aporien. Wir haben soeben die erste der beiden näher untersucht. Den Schluß des Kapitels wird dann die zweite Aporie beherrschen, die sich in der Frage darstellt, wie das praktische Wissen, das dem Ideal der theoretischen Vollendung des theoretischen Wissens nachgeordnet bleibt, dennoch als eine menschliche Wissenshaltung den Anspruch erheben muß, das für uns Gute zu wissen. Die Frage nach dem Nutzen für das praktische Sein des Menschen, dem es auf die Arete, die Tugend ankommt, scheint zunächst grundsätzlich abgewiesen zu sein. Aber prüfen wir, wie das geschieht. Liegt etwa in dieser Abweisung ein Hinweis auf das, was diese beiden Weisen des Wissendseins, die theoretische Haltung des Wissens und die praktische verbindet? In

[6] H.-G. Gadamer, „Über die Möglichkeit einer philosophischen Ethik“, in *Gesammelte Werke,* 4, Tübingen 1987, 175-188.

Wahrheit handelt es sich doch bei dem theoretischen Wissen nicht um ein nützliches Mittel zum Glück. Dies ist doch wohl gemeint, wenn Aristoteles etwa das Existenzideal der theoretischen Weisheit am Schlusse der *Nikomachischen Ethik* in den Vordergrund stellt und sich doch dessen bewußt ist, daß Leben in der Theorie, ohne das Leben der menschlichen Praxis mitzuumfassen, sinnlos wäre. Das würde sozusagen das Göttliche im Menschen von allem Menschlichen im Göttlichen ausschließen. Offenbar ist die Frage, wie man dieses Wissen im Sinne der Theorie oder im Sinne des praktischen Wissens anwenden soll, falsch gestellt. Es handelt sich in beiden Fällen nicht um Anwendung von Wissen, sondern um das Leben im Wissen, um das, was Aristoteles in anderen Zusammenhängen als die eigentliche Energeia beschreibt. Es handelt sich eben nicht um ein Ergon als das herzustellende Resultat des Wissens oder gar des kunstvollen Machens, sondern um den Vollzug des ganzen Lebens überhaupt.

Die Einleitung der *Nikomachischen Ethik* ist ganz von der Aufgabe beherrscht, diese Art des Wissens zu rechtfertigen. Das höchste Ziel, die Eudämonie, das eigentliche Lebensglück, soll sich nicht durch einen engen Begriff von Theorie einengen lassen, der die Unveränderlichkeit des Erkenntnisgegenstandes verlangt, wie er für die Mathematik gilt. Philosophie muß vielmehr als praktische Philosophie anerkannt werden, fast so wie der Arzt, der sein Können und Wissen der Natur der menschlichen Praxis zugutekommen läßt. So muß also die praktische Philosophie gelesen werden, und zwar in allgemeiner Annäherung an das, was als Arete möglich ist. Dazu gehört gleichwohl ein Ideal höchster Einsicht, eine wahre Arete. Das ist die Bestheit einer anderen Art von Erkenntnis – und das ist eben die Phronesis.

In Platos Dialog vom *Staatsmann* wird es ausdrücklich betont, daß die messende Wissenschaft und die andere Art des Wissens voneinander untrennbar sind und nur so das menschliche Wissen ausmachen[7]. Damit ist freilich die Philosophie, auch wenn sie praktische Philosophie heißt, noch immer ein Stück Theorie. Daher wird ja auch die Vereinigung von Theorie und Praxis, das heißt die praktische Philosophie und die praktische Vernunft, nur in Metaphern beschrieben. Zwischen der Reflexionsform der Theorie und der praktischen Vernünftigkeit bleibt nach wie vor ein fließender Übergang. So erklärt sich, daß Aristoteles und alle seine Nachfolger auf dem Gebiete der praktischen Philosophie zwar Theorie treiben, aber doch mithilfe philosophischer Theorie der menschlichen Praxis dienlich sein wollen. Ähnlich fließend bleibt ja auch der Übergang zwischen

[7] Platon, *Staatsmann*, 283c-285c.

dem theoretischen Lebensideal der Menschen und der Existenzweise der Götter. Von diesen Unterscheidungen und fließenden Übergängen legt die *Nikomachische Ethik* ein vielfaches Zeugnis ab.

An diesem Punkte scheint mir die Behandlung des 6. Buches der *Nikomachischen Ethik* in Heideggers *Sophistes-Vorlesung* von 1924/25, die in einer ausgezeichneten und gründlichen Edition jetzt vorliegt, der Intention des Aristoteles nicht ganz gerecht zu werden[8]. Offenkundig ist es nicht dessen Interesse an der Ethik, das Heidegger da verfolgt. Vielmehr gilt Heideggers Interesse dem Seinsverständnis, das der theoretischen Philosophie des Aristoteles zugrundeliegt. Die *Nikomachische Ethik* liegt daher wahrlich nicht im Zentrum seiner Aufmerksamkeit. Das zeigt sich schon daran, daß Heidegger bei seiner Behandlung des Textes sehr bald auf andere Zeugnisse des Aristoteles zurückgreift und dabei vor allem auf das erste und zweite Kapitel der aristotelischen Metaphysik. Dort geht es wirklich und in erster Linie um die theoretische Philosophie. Wenn Aristoteles in der *Nikomachischen Ethik* die Rolle des Wissens behandelt, will er nicht in erster Linie zu der theoretischen Philosophie, etwa unter dem Titel der ‚Sophia', der Weisheit, Stellung nehmen. Vielmehr will er zeigen, daß es überhaupt so etwas gibt, das man „praktische Philosophie" nennen kann und nicht nur die theoretische Philosophie, die in der Physik und Metaphysik ihre Basis hat. Die große Aufgabe ist also zu zeigen, daß es auch im praktischen Wissen, also im Bereich des menschlichen Sich-Verhaltens und Handelns, ein festes Wissen gibt, eine wahre Tugend im Spiele ist. Der Akzent liegt ganz und gar nicht darauf, den Vorrang der Theorie gegenüber dem praktischen Wissen zu rechtfertigen, sondern umgekehrt, die Einreihung des praktischen Wissens in die geistigen Tugenden zu begründen.

[8] M. Heidegger, *Platon: Sophistes,* Marburger Vorlesung Wintersemester 1924/25, hrsg. von Ingeborg Schüßler, in *Gesamtausgabe,* II, 19, Vittorio Klostermann, Frankfurt/M., 1992, insb. 21-64, 138-178.

Bibliographie

Ausgaben

Aristoteles, *Ethica Nicomachea,* rec. F. Susemihl, Leipzig 1880; 3. Auflage von O. Apelt 1912.

Aristoteles, *Ethica Nicomachea,* recognovit brevique adnotatione critica instruxit I. Bywater, Oxford University Press, Oxford 1. Auflage 1894, 15. Auflage 1970.

Aristoteles, *Nikomachische Ethik,* Übersetzung und Nachwort von F. Dirlmeier, Anmerkungen von E.A. Schmidt, Stuttgart 1969. Nachdruck: Stuttgart 1987.

Allgemeine Aristotelesliteratur

W. Bröcker, *Aristoteles. Philosophische Abhandlungen,* Frankfurt a.M. 5. Auflage 1987.

Ingemar Düring, *Aristoteles. Darstellung und Interpretation seines Werkes,* Heidelberg 1966.

E. Fink, *Metaphysik der Erziehung im Weltverständnis von Plato und Aristoteles,* Frankfurt a.M. 1970.

Werner Jaeger, *Aristoteles. Grundlegung einer Geschichte seiner Entwicklung,* Berlin 1923. 2. veränderte Auflage: Berlin 1935.

William Davis Ross, *Aristotle,* London 1923. Reprint: London 1949.

Spezialliteratur zu Nikomachische Ethik Z

P. Aubenque, *La Prudence chez Aristote,* Paris 1962.

H. Bonitz, *Zu Aristoteles' Nikomanischer Ethik,* Scecilegium criticum, Wien 1858.

–, *Aristotelische Studien II und III,* Wien 1863, Neudruck: Hildesheim 1969.

N. Hartmann, *Ethik*, Berlin 4. Auflage 1962.

G.W.Fr. Hegel, *Vorlesungen über die Geschichte der Philosophie II*, Werke XIV, 1833, 393-397.

Otfried Höffe (Hrsg.), *Aristoteles. Die nikomachische Ethik*, Berlin 1995

W. Jaeger, Über Ursprung und Kreislauf des philosophischen Lebensideals, Sitzungsberichte der Preuss. A. d. W. Philos.-hist. Kl., 1928, 390-421, auch in *Scripta minora*, I, 347 ff.

H.-J. Krämer, *Arete bei Platon und Aristoteles. Zum Wesen und zur Geschichte der platonischen Ontologie*, Heidelberg 1959; 2. Auflage Amsterdam 1967.

H. Kuhn, Der Begriff der Prohairesis in der Nikomachischen Ethik, in *Die Gegenwart der Griechen im neueren Denken.* Festschrift für H.-G. Gadamer, Tübingen 1960, 275-295.

K.-H. Volkmann-Schluck, Ethos und Wissen in der Nikomachischen Ethik des Aristoteles, in *Sein und Ethos. Untersuchungen zur Grundlegung der Ethik*, hrsg. von P. Engelhardt, Mainz 1963, 56-68.

R. Walzer, *Magna Moralia und aristotelische Ethik*, Berlin 1929.

Klostermann Texte Philosophie

PLATO
Texte zur Ideenlehre
Text griech.-deutsch
Hg. von Hans-Georg Gadamer
2. Auflage 1986. 96 Seiten
DM 19.80 ISBN 3-465-01696-3

ARISTOTELES
Metaphysik XII
Text griech.-deutsch
Hg. von Hans-Georg Gadamer
4. Auflage 1984. 64 Seiten
DM 18.- ISBN 3-465-01211-9

Der Protreptikos des
Aristoteles
Text griech.-deutsch
Hg. von Ingemar Düring
2. Auflage 1993. 120 Seiten
DM 24.- ISBN 3-465-02599-7

PLOTIN
Über Ewigkeit und Zeit
(Enneade III,7)
Text griech.-deutsch
Hg. von Werner Beierwaltes
4., ergänzte Auflage 1995. VIII,
320 Seiten
DM 58.- ISBN 3-465-02855-4

THOMAS VON AQUIN
Prologe zu den Aristoteles-
Kommentaren
Text lat.-deutsch
Hg. von Francis Cheneval und
Ruedi Imbach
1993. LXX, 116 Seiten
DM 28.- ISBN 3-465-01881-8

GOTTFRIED WILHELM
LEIBNIZ
Confessio Philosophi
Das Glaubensbekenntnis des
Philosophen. Kritische Ausgabe
Text lat.-deutsch
Hg. von Otto Saame
2., durchgesehene Auflage 1994.
226 Seiten
DM 38.- ISBN 3-465-02665-9

ISAAC NEWTON
Über die Gravitation...
Texte zu den philosophischen
Grundlagen der klassischen
Mechanik
Text lat.-deutsch
Hg. von Gernot Böhme
1988. 116 Seiten
DM 28.- ISBN 3-465-01750-1

Klostermann Texte Philosophie

EDMUND HUSSERL
Philosophie als strenge Wissenschaft
Hg. von Wilhelm Szilasi
5. Auflage 1996. 108 Seiten
DM 19.80 ISBN 3-465-02888-0

JOHN STUART MILL
Zur Logik der Moralwissenschaften
Hg. von Arno Mohr
1997. 202 Seiten
DM 28.- ISBN 3-465-02952-6

CHARLES S. PEIRCE
Über die Klarheit unserer Gedanken
Text englisch-deutsch
Hg. von Klaus Oehler
3. Auflage 1985. 170 Seiten
DM 24.- ISBN 3-465-01650-4

DAVID LEWIS
Die Identität von Körper und Geist
Hg. von Andreas Kemmerling
1989. 60 Seiten
DM 14.80 ISBN 3-465-01856-7

BERNARD WILLIAMS
Kritik des Utilitarismus
Hg. von Wolfgang R. Köhler
1979. 120 Seiten
DM 28.- ISBN 3-465-01312-3

HILARY PUTNAM
Die Bedeutung von "Bedeutung"
Hg. von Wolfgang Spohn
1979. 100 Seiten
DM 18.80 ISBN 3-465-02224-6

Universitätsbibliothek Salzburg

Ausführliche Informationen zu den lieferbaren Titeln des Verlages:
http://www.klostermann.de

VITTORIO KLOSTERMANN
FRANKFURT AM MAIN